小微企业合作网络演化与成长研究

RESEARCH ON THE EVOLUTION AND GROWTH OF COOPERATION NETWORK OF SMALL AND MICRO ENTERPRISES

李瑾颉 著

经济管理出版社
ECONOMY & MANAGEMENT PUBLISHING HOUSE

图书在版编目（CIP）数据

小微企业合作网络演化与成长研究/李瑾颉著 . —北京：经济管理出版社，2020.8

ISBN 978-7-5096-7396-6

Ⅰ．①小…　Ⅱ．①李…　Ⅲ．①中小企业—企业发展—研究—中国

Ⅳ．①F279.243

中国版本图书馆 CIP 数据核字（2020）第 154504 号

组稿编辑：王格格

责任编辑：王格格　杜奕彤

责任印制：黄章平

责任校对：陈晓霞

出版发行：经济管理出版社

　　　　　（北京市海淀区北蜂窝 8 号中雅大厦 A 座 11 层　100038）

网　　址：www.E-mp.com.cn

电　　话：(010) 51915602

印　　刷：北京晨旭印刷厂

经　　销：新华书店

开　　本：720mm×1000mm /16

印　　张：9

字　　数：129 千字

版　　次：2020 年 9 月第 1 版　　2020 年 9 月第 1 次印刷

书　　号：ISBN 978-7-5096-7396-6

定　　价：69.00 元

前 言

PREFACE

　　小微企业在国家经济发展中发挥着重要支撑作用，是创造就业机会、维持社会稳定、促进产业结构调整、保证经济持续增长的重要力量，也是市场创新技术转化和培养企业家的重要主体。从当前中国小微企业发展状况来看，其平均寿命较短，特别是微型企业仅为 2.9 年。如何提升小微企业生存年限、促进企业成长成为各界关注热点。企业合作网络为小微企业提供了丰富的资源，整合外部所需资源，成为企业解决内部资源不足问题的有效途径。早期企业成长研究关注内生要素，即从创业者或创业团队特质角度对企业成长的作用机理展开翔实研究。但是，随着市场分工的细化，单一企业无法拥有全部的专业技术知识或具备独立应对风险资金不足带来的挑战的能力。因此，企业寻求与外部主体的协作能力，小微企业与供应商、客户、中介机构、金融机构、政府，乃至竞争对手的合作建立的外部关系网络成为了企业的一种核心资产。在与外界环境交融的过程中，企业不断形成自身的关系网络。因此，网络中多重关系联结的逐步演化也是内部网络结构不断优化的结果。丰富扩大企业的合作网络，优化网络结构，保证了信息资源流动渠道的畅通和创新技术的扩散，进而促进了小微企业成长。

　　本书主要对小微企业知识图谱、小微企业合作网络结构、合作网络对小微企业成长性的影响、小微企业成长性预测问题进行研究探讨，以期在厘清小微企业研究脉络和动态热点前沿问题的基础上，探求实践经验数据，把握合作网络特征和关系类型，从而更好地为小微企业成长提供指导。基于此，本研究的主要工作和结论如下：

第一，绘制小微企业知识图谱，分析中国小微企业问题研究状况，探测领域前沿动态，目的是确定现有研究存在的薄弱缺失环节。理论研究是由企业实践活动需求所驱动的；反过来，中国小微企业管理实践也需要理论的支撑，研究成果可以为企业的竞争、生存、发展提供策略建议。

基于信息可视化理论和知识图谱分析方法，书稿首先选取中文社会科学引文索引（CSSCI）数据库作为数据来源，以"小微企业"为检索项，并对数据进行标准化处理，以为后续研究打下基础。其次，统计小微企业研究文献量和作者数量变化趋势，发现近年来并没有大量的研究人员和学术成果出现，这与政府积极扶持小微企业发展、推动大众创业的部署形成对比，说明小微企业研究关注对象和问题过于单一，研究出现了瓶颈，需要对以往研究进行梳理，积极探寻新的研究热点。最后，通过关键词共现网络图谱，发现小微企业研究主要围绕"融资问题""互联网金融"和"税收政策分析"进行，同时也存在一些分支。Pathfinder 算法下的关键词聚类分析结果表明，创新网络和社会网络、金融机构、动态博弈是研究中的最大聚类，其中网络分析为近年来研究的一大热点。

第二，小微企业合作网络结构刻画。本研究实证数据来源于对北京邮电大学本科毕业生自主创业学员和 MBA 学员的调查数据，采用提名生成法获取小微企业合作伙伴数据。第一步是使用 Kamada-Kawai 算法生成小微企业合作网络结构并进行可视化效果呈现。通过计算网络密度、凝聚力指数、任意两节点之间的平均距离和网络中心势的结果表明，小微企业之间的合作程度较低，企业之间联系不强，网络整体结构较为松散，凝聚力较差，这必然导致网络中资源的流动性较差，不利于企业共同成长。第二步是对网络核心分布情况进行说明。研究发现，节点核心能力并不均衡，网络中没有特别明显的具有优越地位和高声望的核心节点。第三步是整体网络分析的核心部分，即对子群、派系的划分。结果表明，网络中存在六个合作子群，其中科技类小微企业形成的子群规模最大且异质性较高，传统制造业合作伙伴的同质性较高。另外，子群之间不存在合作关系，这必然会阻碍资源、信息和技术在团体间的流动，增加企业经营风险。

第三，从宏观网络结构、微观关系角度和企业主体能动性三个维度设定变量分析网络与企业成长之间的关系，并构建小微企业成长性评价指标体系，从财务成长、创新绩效、企业成长潜力等方面衡量企业成长状况。结果表明，除网络异质性之外，网络密度、关系强度、关系主动性、网络度中心性、中介中心性、接近中心性与财务成长显著正相关。网络异质性和其他六变量均对企业创新绩效呈正向影响。笔者建议，小微企业网络模式要跟随发展阶段和自身状态的改变进行动态调整。在成长初期，小微企业要提高企业网络度中心性，主动建立伙伴联盟，充裕外部网络资源，形成外向型网络管理模式；随着发展阶段的提升，创新是小微企业长远发展的动力所在，企业应选择多样异质的合作伙伴，积极占据网络中介位置，获取缺失关系带来的资源好处，进而提升企业存活率，促进小微企业发展。

第四，基于财务成长、创新绩效和企业状态及潜力三个维度构建的小微企业成长性评价指标体系，运用神经网络方法，对小微企业的成长性进行预测。从小微企业样本数据统计分析的结果来看，我国小微企业的成长性得分普遍偏低，平均得分为39.53。同时，小微企业之间的差异较大，成长性得分标准差为8.21。我国小微企业的发展还处在一个相对较低的水平，仍有很大的成长性提升空间。BP神经网络模型预测小微企业成长性的结果显示，神经网络是预测小微企业成长性的一个有效的方法，能提供基本和准确的预测。这有利于小微企业在发展过程中制定合理的目标，做出有效的战略规划，构建小微企业的核心竞争力，从内部和外部环境两方面增强小微企业的成长能力。

目 录
CONTENTS

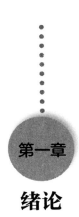

第一章

绪论

美国经济学家詹姆斯说："一个国家的经济活力，在很大程度上要看小型企业，特别是小微企业的状况，这是衡量经济的标尺。"小微企业在促进就业、消除地区贫困、促进社会和谐稳定、造就和培养企业家方面发挥着重要作用。然而由于受到资源、能力、环境等方面的约束，小微企业往往面临着较高的生存风险（刘伟，2012）。资源基础理论认为，企业是各种资源的集合体，其竞争优势来源于特殊的异质资源。由于小微企业自身所拥有的资源有限、内部本身可供开发的资源较少、缺少高素质员工和发展资金，因此企业成功的关键就在于能否从外部获取成长所需要的资源，实现对企业外部资源的战略性规划成为小微企业克服成长障碍的有效途径。目前，越来越多的小微企业与供应商、客户、政府、大学、研究院所，甚至竞争对手建立战略伙伴关系，构建起小微企业的社会网络，其日益成为提升企业存活率和成长性的重要组织发展模式（Johannissson B.，1998）。

当前的企业问题研究大多立足于大中型企业，对小微企业的探讨较少。小微企业与大中型企业相比较，具有自身独特的特点，比如自身力量的薄弱和对网络成本的低承受度等。由于研究问题的内在复杂性和多维性，现有对微小企业的研究还不够深入、不够系统，需要进一步使用实证、数理模型及计算机仿真方法，对网络背景下小微企业获取资源的能力、企业与其他主体的合作进行详细研究。

网络科学运用网络理论和数据科学，从系统层面理解复杂系统的结构、动态性和运作机制。企业理论是在特定的历史条件及社会背景下产生的，是社会进步与企业实践发展的产物。近百年来，研究人员从不同的体系、视角、领域呈现出了学科理论发展蔚为壮观的知识图景。随着信息数字化时代的来临、信息技术的突破性进展，企业面临的市场竞争日趋激烈，相对地，理论界的研究对象也日益丰富，跨领域的研究方法和概念不断植入，心理学、社会学和计算机科学等学科的知识成果不断融入企业生成领域的研究。本研究将网络科学和企业理论这两种科学理论交叉运用在企业管理实践活动当中。

本研究首先要明确小微企业研究现状，依托计算机科学和信息技术手段，采用信息可视化的方式展示小微企业问题研究发展脉络和不足，并对未来研究趋势和热点问题进行探测，以期为企业实践活动提供成长进步的理论支持和管理方向。其次，基于可视化分析的结果，从合作网络视角出发，研究小微企业的成长及其社会网络的演化，关注宏观网络特征、微观关系类型、企业主体能动性以及社会交往成本形成的网络成本对企业成长和网络效率的影响，并给出小微企业社会网络关系管理的策略建议。最后，基于神经网络预测小微企业成长。构建合作网络指标体系和企业成长指标体系，在此基础上，构建 BP 神经网络模型预测小微企业成长性得分，并分析实际数据与预测结果的误差，检测模型的可靠性。本研究不但有助于丰富和发展小微企业成长理论，深化社会网络理论对现实问题的解释，而且有助于推动小微企业成长实践，促进我国小微企业的良性发展，具有重要的理论价值和实践意义。

小微企业是小型企业、微型企业、家庭作坊式企业、个体工商户的统称。小微企业是我国经济发展的"轻骑兵"，其销售收入和工业总产值分别占中国经济总量的 57% 和 60%，提供了 75% 的城镇就业机会。小微企业是我国经济发展不可缺少的一部分，对小微企业进行研究可以找到阻碍企业发展的因素，为企业、社会和政府提供相关建议，保证小微企业的发展和崛起。

企业合作网络（Enterprise Cooperation Network），就是将企业和经济组织间相互依赖的活动关系看作是一种企业网络，而各种从事这类活动的经济行为者就是网络中的节点。处于企业网络中的企业间的互动不是通过市场交易，也不是通过企业的内部一体化过程，而是通过组织间的彼此协调来完成。企业可以通过网络获得资源，使自己有可能克服自身的局限，实现企业的经营目标。

企业合作网络的出现是必然的，因为它具备许多传统企业组织形式所没有的优势，如可实现规模经济扩张、共享网络增值利益、降低交易成本和分散经营风险，对经济效率提升具有积极的作用。研究企业合作网络，特别是小微企业合作网络，对理解小微企业的成长和发展具有重要实践意义和理论价值。

第一节　研究内容及方法

本书综合运用文献研究、归纳总结、统计回归、建模仿真等多种研究方法进行小微企业的概念界定、小微企业知识图谱分析、小微企业合作网络结构分析、合作网络对小微企业成长性的影响研究以及小微企业成长性预测等，具体的研究目标、内容、方法与工具如图 1-1 所示。

一、小微企业的概念界定

从世界各国来看，各个国家对企业规模的定义并不相同。例如，中国在不同的历史、经济发展时期，对企业界定的标准也不同。美国企业按规模仅被划分为大型企业与小型企业，中小企业实际为小型企业所涵盖。欧盟将企业分类为大型企业、中型企业、小型企业与微型企业。南美国家的中小企业实际并不包括中型企业。因此，本书的首要目标是对中国小微企

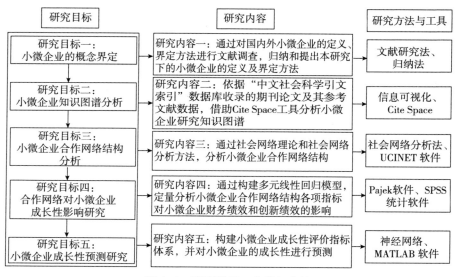

图1-1 研究目标、内容与方法

业的定义进行梳理和总结，给出一个在本书研究范围内的小微企业的定义，明确界定小微企业的方式。

研究目标一：小微企业的概念界定。

研究内容一：通过对国内外小微企业的定义、界定方法进行文献调查，归纳和提出本研究下的小微企业的定义及界定方法。

研究方法：文献研究法、归纳法。

文献研究法主要指搜集、鉴别、整理文献，并通过对文献的研究形成对事实的科学认识的方法。文献法是一种古老而又富有生命力的科学研究方法。使用文献法进行研究的主要优点是突破了时间、空间的限制，通过对古今中外文献进行调查可以获得广泛的资料。

归纳论证是一种由个别到一般的论证方法，通过个别的事例或分论点，归纳出事物共有的特性，从而得出一个一般性的结论。

二、小微企业研究知识图谱分析

科学知识结构梳理的常见范式是公认的"大家"对科学进行百科全书

式的整理。本书提供了另外一种方式，即从主观判断转向客观计量，采用科学计量的方法分析一个研究领域的基础知识、发展脉络及研究热点。因此，本书提出了第二个研究。

研究目标二：小微企业研究知识基础、发展脉络及热点研究。

研究内容二：依据"中文社会科学引文索引"数据库收录的期刊论文及其参考文献数据，借助 CiteSpace 工具分析小微企业研究知识图谱。

研究方法：信息可视化（Information Visualization）、知识图谱分析（Knowledge Graph/Vault）。

信息可视化是一个跨学科领域，旨在研究大规模非数值型信息资源的视觉呈现（如软件系统之中众多的文件或者一行行的程序代码）。通过利用图形图像方面的技术与方法，帮助人们理解和分析数据。与科学可视化相比，信息可视化侧重于抽象数据集，如非结构化文本或者高维空间当中的点（这些点并不具有固有的二维或三维几何结构）。

知识图谱，也称科学知识图谱，是通过将应用数学、图形学、信息可视化技术、信息科学等学科的理论及方法与计量学引文分析、共现分析等方法结合，并利用可视化的图谱形象地展示学科的核心结构、发展历史、前沿领域以及整体知识架构达到多学科融合目的的现代理论。为学科研究提供切实的、有价值的参考。

研究工具：CiteSpace 软件。

CiteSpace 本质上是一种宏观知识计量的信息可视化工具，通过文献的引用和被引用关系挖掘整个学科（某一研究问题）的脉络结构。本书借助这一分析工具能够厘清小微企业生成的知识基础、研究热点，网络结构的变化可以明确反映小微企业的知识结构及发展趋势。

三、小微企业合作网络结构分析

小微企业合作网络是小微企业成长与资源获取的有效来源，合作网络是企业之间关系的集合。要研究小微企业合作网络结构是如何影响小微企业生成的，首先需要对小微企业合作网络结构进行分析。小微企业合作网络虽反映企业之间的关系，但网络本身要比关系这一概念更加具有动态复杂性，包括网络的结构、网络中的资源以及主体从网络中获取资源的能力和过程。本书的第三个研究如下。

研究目标三：分析小微企业合作网络结构。

研究内容三：通过社会网络理论和社会网络分析方法，分析小微企业合作网络结构。通过对现实网络的实际研究和统计分析，计算反映整体网络及网络节点的各项指标，包括平均最短路径、聚类系数、节点的度分布和平均度数、网络密度等，研究小微企业合作网络的结构特性和传递性。

研究方法：社会网络分析法。

社会网络分析法（Social Network Analysis）是根据数学方法、图论等发展起来的定量结构分析方法。这种结构分析的方法论意义是：社会科学研究的对象应是社会结构，而不是个体。通过研究网络关系，有助于把个体间的关系、"微观"网络与大规模的社会系统的"宏观"结构结合起来。社会网络分析法可以从多个不同角度对社会网络进行分析，包括中心性分析、凝聚子群分析、核心—边缘结构分析以及结构对等性分析等。社会网络要素包括：①行动者，在社会网络中用节点表示；②关系，在社会网络中用剑线表示，关系的内容可能是友谊、借贷或是沟通，其关系可以是单向的也可以是双方的，且存在关系强度的差异，关系不同即构成不同的网络。

研究工具：UCINET（社会网络分析软件）。

UCINET 是由加州大学欧文（Irvine）分校的一群网络分析者编写的。UCINET 网络分析集成软件包括一维与二维数据分析的 NetDraw，以及正在发展应用的三维展示分析软件 Mage 等，同时还集成了 Pajek 用于大型网络分析的 Free 应用软件程序。利用 UCINET 软件可以读取文本书件，以及 KrackPlot、Pajek、Negopy、VNA 等格式的文件。它能处理 32767 个网络节点。

四、合作网络对小微企业成长性影响研究

企业的出现、成长、死亡不是孤立的，而是嵌在企业关系网络之中的各项社会活动中。在小微企业合作网络中，节点之间的关系并非是简单随意形成的，而是受获得的各种资源的驱使形成的。关系的建立与维系需要企业付出大量的时间与成本。形成帮助小微企业识别机会和获取资源的高质量社会网络尤为重要，这依赖于关系的质量、形成方式及企业的网络特征。因此，要通过研究合作网络结构中各项指标对小微企业成长性的影响，发现影响小微企业成长的关键性网络能力。本书的第四个研究如下。

研究目标四：分析小微企业合作网络结构各项指标对小微企业成长的影响，发掘小微企业成长的关键网络能力。

研究内容四：通过构建多元线性回归模型，定量分析小微企业合作网络结构各项指标对小微企业财务成长和创新绩效的影响。

研究方法及模型：社会网络分析法、多元线性回归模型。

研究工具：Pajek 大型复杂网络分析工具、SPSS "统计产品与服务解决方案" 软件。

Pajek 是一款大型复杂网络分析工具，研究目前存在的各种复杂非线性网络。Pajek 适用于在 Windows 环境下运行，可用于达百万节点的大型网络的分析和可视化操作。该软件的主要功能是在网络中搜索子群、核，反映出节点的连接关系等。Pajek 不仅能处理有向网络、无向网络等普通网络，还支持多关系网络、二分网络（图—网络由两类异质结点构成），以及暂时性网络（动态图-网络随时间演化）。

SPSS（Statistical Product and Service Solutions）是 IBM 公司推出的一系列用于统计学分析运算、数据挖掘、预测分析和决策支持任务的软件产品及相关服务的总称，有 Windows 和 Mac OS X 等版本。SPSS 是世界上最早的统计分析软件，由美国斯坦福大学的三位研究生 Norman H. Nie、C. Hadlai（Tex）Hull 和 Dale H. Bent 于 1968 年研究开发成功，同时成立

了 SPSS 公司。SPSS 是世界上最早采用图形菜单驱动界面的统计软件，它最突出的特点就是操作界面极为友好，输出结果美观漂亮。它将几乎所有的功能都以统一、规范的界面展现出来，使用 Windows 的窗口方式展示各种管理和分析数据方法的功能，对话框展示出各种功能选择项。

五、小微企业成长性预测研究

小微企业是社会经济系统中的基本构成单元，它们在解决就业、维护社会稳定和推动国民经济发展方面扮演着重要的角色。科学评价小微企业的成长性有利于促进和规范其成长，并为小微企业实现快速发展提供保障和创造有利条件。什么因素影响小微企业的成长？如何评价小微企业的成长性并进一步对成长性作出准确的预测？这些问题是本书的研究重点。本书的第五个研究如下。

研究目标五：构建小微企业成长性评价指标体系，并对小微企业的成长性进行预测。

研究内容五：在已有研究基础上，结合小微企业的特征，提出小微企业成长性评价指标体系。进一步地，运用 BP 神经网络构建小微企业成长性预测模型，预测小微企业成长的关键因素，揭示导致企业成长差异的主要原因，提出促进小微企业成长的建议。

研究方法及模型：预测分析、神经网络模型。

研究工具：MATLAB。

MATLAB 是美国 MathWorks 公司出品的商业数学软件，用于算法开发、数据可视化、数据分析以及数值计算的高级技术计算语言和交互式环境，主要包括 MATLAB 和 Simulink 两大部分。MATLAB 的主要功能和优点是：①高效的数值计算及符号计算功能，能使用户从繁杂的数学运算分析中解脱出来；②完备的图形处理功能，可实现编程和计算结果的可视化；③友好的用户界面及接近数学表达式的自然化语言，易于学者学习和掌握；④丰富且功能强大的应用工具箱（如统计工具箱、图像处理工具箱等），可为用户提供大量方便实用的处理工具。

第二节　本书组织结构

本书从小微企业对经济发展具有重要促进作用的背景出发，基于信息可视化技术，对小微企业的研究状况进行分析。基于社会网络理论建立小微企业合作网络，研究不同的网络结构特征对小微企业成长的影响，并建立神经网络模型对企业生存状况进行预测。本书总共包括六章内容，组织结构如图 1-2 所示。

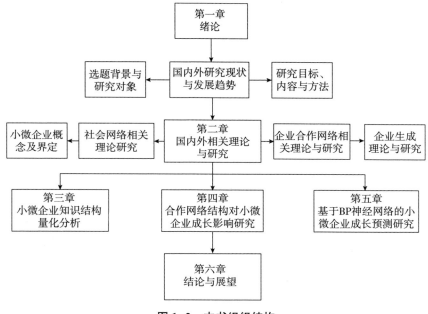

图 1-2　本书组织结构

第一章：绪论。重点阐述本书的选题背景与研究对象；国内外当前研究现状及未来发展趋势；研究目标、内容和方法；本书总体的研究框架和研究思路。

第二章：梳理国内外学者在小微企业概念界定、社会网络理论和企业成长理论方面取得的进展。详细论述了小微企业的概念及其社会价值，厘清社会网络相关理论及企业成长理论的研究历史和进展，明确小微企业成长的特殊性及意义所在。最后对已有研究进行综合评述。

第三章：聚焦小微企业研究知识图谱结构量化与分析。介绍了何为信息可视化技术、信息可视化应用背景以及这一技术能够帮助我们解决什么样的科学问题。基于 CiteSpace 软件，选取"中文社会科学引文索引"数据库收录的期刊论文及其参考文献数据，绘制知识图谱，厘清小微企业研究发展脉络及前沿热点问题，对小微企业研究进行"信息可视化"下的知识结构量化分析。

第四章：聚焦小微企业合作网络结构构建与分析，主要对小微企业合作网络特征及结构进行分析。首先获取小微企业合作网络结构；其次按照网络特征、关系类型、企业主观能动性提出研究假设，针对网络结构对企业财务绩效和创新绩效的影响进行实证研究。

第五章：基于 BP 神经网络的小微企业成长预测研究。通过构建小微企业成长性评价指标体系，建立小微企业的成长性神经网络预测模型，揭示影响小微企业成长的关键性因素，并提出一些促进小微企业成长的建议和策略。

第六章：结论与展望。对本书工作进行归纳总结，指出本书的不足之处，同时结合小微企业发展和研究的未来趋势，对后续的研究方向和研究问题提出建议。

本书整体采用的研究思路和技术路线是："理论研究—定量研究—模型构建—编程仿真—实证分析—启示建议"。概括地讲，主体研究内容主要分四个阶段进行：

第一阶段：对小微企业的概念、社会网络、合作网络和企业成长等关键性问题进行理论研究。

第二阶段：通过定量研究小微企业知识结构，采用可视化技术展现小微企业研究知识图谱。

第三阶段：通过构建多元线性回归模型和神经网络模型，分析和预测小微企业的成长性。

第四阶段：基于本书的结论，对小微企业的发展提出建议和策略。

本书的研究思路与技术路线如图 1-3 所示。

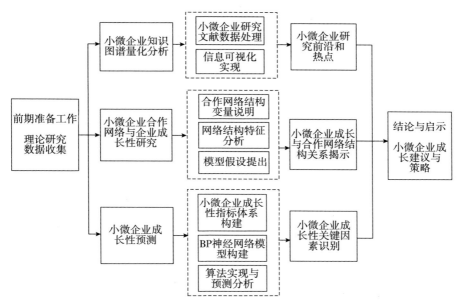

图 1-3　本书的研究思路与技术路线

第二章

国内外相关理论与研究

第一节　小微企业概念及界定

一、小微企业的概念界定

企业按照规模大小依次分为微型企业、小型企业、中型企业、大型企业、超大型企业，企业数量呈现金字塔形。小微企业作为企业生态群落的基石，数量众多且准入门槛低，成为大众创业、万众创新的重要平台，是促进经济增长、提供就业机会、推进科技创新的重要支撑力量。对小微企业的界定不仅关系到对国家发展状况和经济结构的认识，也关系到政府扶持对象的确定。界定标准过宽，会分散政策给予的相应要素资源；标准过窄，又会排挤本应受惠于政策的企业，打击大众创业创新热情。因此，对小微企业的界定是企业实践、市场经济健康发展、国家扶持政策制定和学术理论研究的首要关注问题。

从各国实践来看，对企业规模的界定可以从两个角度进行。一是定量划分，依照企业雇佣人数、企业资产总额和企业营业额三个参照系标准进行划分。二是基于地位标准的定性划分，必须遵循独立所有原则、自主经营原则和较小市场份额原则。

不同国家和地区对小微企业的划分标准也各不相同，具体如表2-1所示。

表2-1　部分国家（地区）小微企业定义及划分标准

国家（地区）	名称及划分标准	依据
美国	质的规定：符合下列条件（或至少两项）的企业为小企业：①企业所有者也是经营者；②企业由一个人或几个人出资；③企业产品的销售主要在当地进行；④与同行业的大企业相比，规模较小。量的规定：雇员人数≤50人	美国经济发展委员会
英国	质的规定：①市场份额小；②所有者依据个人独断进行经营；③所有经营者独立于外部支配。量的规定：制造业雇员人数≤200人；建筑业、矿业雇员人数≤25人；零售业年营业额≤45万英镑	博尔顿委员会
日本	量的规定：制造业雇员人数≤300人或资本金≤3亿日元；批发业雇员人数≤100人或资本金≤1亿日元；零售业雇员≤50人或资本≤5000万日元；服务业雇员≤100人或资本金≤5000万日元	中小企业基本法（2000）
欧盟	量的规定：雇员人数≤50人且年交易额≤700万欧元；或资产年度负债总额≤500万欧元，并且其他企业占有股权比例≤25%	欧洲委员会
新加坡	量的规定：固定资产≤500万新加坡元，且生产固定资产≤200万新加坡元	小工业金融计划
澳大利亚	质的规定：所有者在拥有专业知识的同时，由1~2个所有者进行全部重要的经营决策。量的规定：制造业雇员人数≤100人；服务业雇员人数≤20人	维尔特谢委员会报告

续表

国家 （地区）	名称及划分标准	依据
韩国	量的规定：制造业、运输业从业人员≤300人或资产≤5亿韩元；建筑业从业人员≤50人或资产总额≤5亿韩元；商业、服务业从业人员≤50人或资产≤5000万韩元；批发业从业人员≤50人或资产≤2亿韩元	中小企业组织法（1986）

中国在不同历史阶段和经济发展时期，对企业的界定存在不同标准。同时，不同行业存在不同特点，标准难以统一。2011年，工业和信息化部、国家统计局、国家发展改革委、财政部结合统计工作的实际情况发布《关于印发微型企业划型标准规定的通知》（工信部联企业〔2011〕300号），对15个行业门类及其他未列明行业进行细致规定（见表2-2）。

表2-2　小微企业划分标准

序号	类别	小型企业			微型企业		
		从业人员（人）	营业收入（万元）	资产总额（万元）	从业人员（人）	营业收入（万元）	资产总额（万元）
1	农林牧渔业	—	50~500	—	—	50以下	—
2	工业	20~300	300~2000	300~5000	20以下	300以下	—
3	建筑业	—	300~6000	—	—	300以下	300以下
4	批发业	5~20	1000~5000	—	5以下	1000以下	—
5	零售业	10~50	100~500	—	0~9	100以下	—
6	交通运输业	20~300	200~3000	—	20以下	200以下	—
7	仓储业	20~100	100~1000	—	20以下	100以下	—
8	邮政业	20~300	100~2000	—	20以下	100以下	—
9	住宿业	10~100	100~2000	—	10以下	100以下	—
10	餐饮业	10~100	100~1000	—	10以下	100以下	—
11	信息传输业	10~100	50~1000	—	10以下	100以下	—

序号	类别	小型企业			微型企业		
		从业人员 （人）	营业收入 （万元）	资产总额 （万元）	从业人员 （人）	营业收入 （万元）	资产总额 （万元）
12	软件和信息技术服务业	10~100	100~1000	—	10以下	50以下	—
13	房地产开发经营	—	100~1000	2000~5000	—	100以下	2000以下
14	物业管理	10~300	500~1000	—	100以下	500以下	—
15	租赁和商务服务业	10~100	—	100~8000	10以下	100以下	—
16	其他未列明行业	10~100	—	—	10以下	—	—

最初，我国将微型企业放入中小企业中，忽视了危机中迫切需要扶持的小微企业。只有科学界定小微企业，才能出台针对性的优惠政策，为其市场活动提供原则性的指导。

本书定义的小微企业是雇员人数、营业收入、资产总额在国家划定范围之内的，具有独立法人资格，在工商登记注册的小型企业、微型企业、家庭作坊式企业、个体工商户的统称。具有独立自主经营、在同行业中不占垄断地位、经营权所有权高度统一的特点。

二、小微企业的经济贡献与社会价值

虽然小微企业的概念近年来才得到界定，但其经济贡献和社会价值却早已显现出来。

（一）小微企业是我国市场经济的主体，也是经济持续增长的重要动力

小微企业涉及国民经济大部分行业，对国家经济发展发挥着至关重要的推进作用，特别是在产业结构调整、提升国民生活水平方面的作用日益增大。在我国企业中，小微型企业占比99%，而其中又有97%左右属于微

型企业，它们创造了我国 60% 的 GDP 总量，缴纳了 50% 的国家税收，以及吸纳了近 80% 的城镇劳动力。另外，小微企业是引入优胜劣汰竞争机制的微观主体，大量有竞争的小微企业的存在能充分发挥市场在资源配置中的基础作用，提高资源利用效率。

（二）小微企业在提升就业率、维持社会稳定方面发挥重要作用

小微企业因具有准入门槛低、启动速度快、灵活机动性强的特点，是我国提供就业机会的主体。改革开放以来，农村中转移出来大量劳动力，约一半的农村富余劳动力被小微企业吸纳消化掉，65% 的城镇就业岗位由小微企业所提供，其吸纳的就业量是大企业的 14 倍。目前，经济结构调整带来大量农村剩余劳动力和下岗失业员工，同时新生劳动力又不断地向市场涌入，社会就业压力是空前的，政府反复提出支持小微企业发展，实施更加积极的就业政策，也是缓解就业压力维护社会稳定的需要。

（三）小微企业的发展有利于培养和造就企业家

小微企业具有所有权和经营权高度统一的特点，在市场交易中，内部决策效率高，企业所有者往往具有一定的创新思维和管理能力。小微企业所面临的是企业生态圈中最激烈的竞争环境，企业所有者接受市场的考验成为企业家，因此，可以说小微企业是培育企业家的摇篮。

（四）小微企业是大型企业互惠共生的重要合作伙伴

大型企业在获取创新资源和国家政策支持方面优势明显，但是庞杂的组织结构导致企业创新机制缺乏灵活性。大型企业的生产链条多是由小微企业组成的，围绕大型企业，小微企业形成产业集群，依靠产业链上纵横垂直的伙伴关系，小微企业可以获取一定的外部资源。据此，小微企业围绕大型企业形成互惠共生的合作网络，有利于降低双方的交易成本，防止机会主义行为，提高合作绩效。

（五）小微企业是技术和制度改革创新的主要市场主体

小微企业直接与市场中的终端客户对话，因此可以在短时间内调整生成经营方向，应用最新的技术成果满足市场需求。大型企业在变大变强之后，创新驱动力有所降低，往往面临提升现有技术或开发新技术的创新难题。相较大中型企业，小微企业技术成果转化快，目前小微企业完成了总数75%以上的技术创新成果。另外，小微企业是制度改革创新的主力军。大企业的机构庞大，为制度改革设置了一定障碍，所以，企业管理、产品营销模式、治理结构、融资模式等方面的改革创新往往是由小微企业率先完成的。

第二节　社会网络相关理论研究

社会网络（Social Network）是一种基于"网络"（节点之间的相互连接）而非"群体"（明确的边界和秩序）的社会组织形式，也是西方社会学从1960年兴起的一种分析视角。随着工业化、城市化的进行和新的通信技术的兴起，社会呈现网络化的趋势，发生了"社会网络革命"（Social Network Revolution），与移动革命（Mobile Revolution）、互联网革命（Internet Revolution）并列为新时期影响人类社会的三大革命。

一、社会网络相关理论研究

社会网络是指社会个体成员之间因为互动而形成的相对稳定的关系体系，关注的是人们之间的互动和联系，社会互动会影响人们的社会行为。在学术研究方面，社会网络的概念最早是由英国人类学家布朗提出的。1988年，Wellman提出"社会网络是由某些个体间的社会关系构成的相对稳定的系统"，这一定义得到了广泛的普及。这个概念的本质是把网络视为连接个体的一系列社会关系，个体间相对稳定的模式构成了社会结构。网络中的个体既可以是个人，也可以是组织和家庭。

社会网络作为研究社会学的一种方法和视角，发端于德国社会学家齐美尔（Georg Simmel），兴起于 20 世纪 30 年代，成熟于 20 世纪 70 年代。1930~1960 年，"社会结构"的概念在人类学、社会学等不同的领域不断深化，构建了一套系统的理论、方法和技术，成为一种重要的社会结构研究范式。

社会网络研究有将近 100 年的历史，其中有几个重要的时间点和学者对于社会网络理论的发展起到了重要的作用：

1967 年，美国社会心理学家斯坦利—米尔格伦（Stanley Milgram）提出了"六度分离"（Six Degrees of Separation）理论，也被称为"六度空间"理论。该理论指出："你和任何一个陌生人之间所间隔的人不会超过五个，也就是说，最多通过五个人你就能够认识任何一个陌生人。"

1973 年，美国斯坦福大学人文与科学学院知名社会学家马克—格兰诺维特教授（Mark Granovetter），在《美国社会学杂志》上发表的《弱关系的力量》（*The Strength of Weak Ties*）一文中提出了弱连接理论。该理论指出："组织内部个体因相似性较高，个体所了解的事物、事件一般相同，因此通过强关系获得的资源常是冗余的。而弱关系是在组织之间发生的，跨越了不同的信息源，能够充当信息桥的作用，带来了不属于这个组织的信息和资源。"

1980 年，法国巴黎高等研究学校教授、法兰西学院院士、思想家皮埃尔·布迪厄（Pierre Bourdieu）提出了"社会资本"（Social Capital）这一概念，表明个人参加的社会团体越多，其社会资本越雄厚；个人的社会网络规模越大、异质性越强，其社会资本越丰富；社会资本越多，摄取资源的能力越强。

1981 年，美国哥伦比亚大学教授哈里森—怀特（Harrison White）在其《市场从哪里来》一书中提出了市场即网络的思想。该思想指出，市场是从社会网络发展而来的，社会网络是经济交易发生的基础。

1985 年，马克—格兰诺维特教授在"社会资本"概念的基础上，提出了企业社会资本理论（Corporate Social Capital Theory）。他指出，不仅个人具有社会资本，企业也有"企业社会资本"，通过联结摄取稀缺资源的能力就是企业的社会资本。

1985 年，马克—格兰诺维特教授在美国社会杂志上发表的重要论文《经济行动和社会结构：嵌入性问题》又提出了嵌入性概念。他认为，经济行为嵌入于社会结构，而核心的社会机构就是人们生活中的社会网络，嵌入的网络机制是信任。

1992 年，哈佛大学国际事务研究中心主任、当代西方著名政治家罗伯特·D. 帕特南（Robert D. Puthan）认为，社会资本"是指社会组织的特征，诸如信任、规范以及网络，它们能够通过促进合作行为来提高社会的效率"。

1992 年，美国芝加哥大学商学院的社会学和战略学教授罗纳德·博特（Ronald Burt）在其出版的《结构洞：竞争的社会结构》中提出了结构洞（Structural Holes）理论。该理论指出无论是个人还是组织，其网络结构均表现为两种形式：一种形式是网络中的任一个体与其他个体都有联系，整个网络就是"无洞"结构；另一种形式是网络中的某些个体与某些个体有直接联系，与其他个体没有直接联系，因此，网络结构中好像出现了洞穴，因而称作"结构洞"。

1993 年，英国牛津大学人类学家罗宾—邓巴（Robin Dunbar）教授提出了"150 定律"（Rule of 150），即著名的"邓巴数字"。该定律根据猿猴的智力与社交网络理论得出：人类智力将允许人类拥有大约 150 人的稳定社交网络。

1996 年，西安交通大学人文社会科学学院社会学系教授、美国明尼苏达大学社会学终身教授边燕杰在其发表的论文中提出了强关系力量假设。该假设认为，在中国计划经济的工作分配体制下，个人网络主要用于获得分配决策人的信息和影响，而不是用来收集就业信息。

1998 年，美国康奈尔大学理论物理和应用力学系的博士生 Watts D. J. 及其导师 Strogatz S. H. 在 *Nature* 杂志上发表的论文《"小世界"网络的群体动力学行为》（*Collective Dynamics of "Small World" Networks*）提出了小世界网络，对 1967 年美国哈佛大学心理学家斯坦利—米尔格伦的小世界实验进行了拓展。

1999 年，美国圣母大学物理系、美国东北大学终身教授艾伯特·拉斯洛·巴拉巴西（Albert-László Barabási）教授及其博士生 Albert 在 *Science* 杂志上发表的论文《随机网络中标度的涌现》（*Emerging of Scaling in Random Networks*）提出了无标度网络。无标度网络表明，网络中各节点之间的连接状况（度数）具有严重的不均匀分布性，网络中少数节点拥有极其多的连接，称之为 Hub 节点，其对于无标度网络的运行起着主导作用。

社会网络理论发展的历程总结如表 2-3 所示。

表 2-3　社会网络理论发展历程归纳

年份	人物	理论或贡献
1967	美国社会心理学家斯坦利—米尔格伦	"六度分离"理论
1973	美国斯坦福大学社会学家马克—格兰诺维特	弱连接理论
1980	法国巴黎高等研究学校思想家皮埃尔·布迪厄	社会资本理论
1981	美国哥伦比亚大学哈里森—怀特	市场即网络的思想
1985	马克—格兰诺维特	企业社会资本理论、嵌入性概念
1992	哈佛大学国际事务研究中心罗伯特·D. 帕特南	社会资本
1992	美国芝加哥大学商学院的社会学和战略学教授罗纳德·博特	结构洞理论
1993	英国牛津大学人类学家罗宾—邓巴	150 定律
1996	西安交通大学社会学系教授、明尼苏达大学社会学终身教授边燕杰	强关系力量假设
1998	美国康奈尔大学 Strogatz S. H. 和 Watts D. J.	小世界网络及模型
1999	美国东北大学终身教授艾伯特·拉斯洛·巴拉巴西	无标度网络及模型

资料来源：笔者整理所得。

二、社会网络表示与度量

（一）社会网络表示

社会网络经过几十年的发展，已形成多种用属性方式描述社会网络数据的方法，本节将总结归纳两种经典的社会网络数据表示方法，即图论和社会计量。

1. 图论符号表示法

可以从多个视角观察一个社会网络，但最有用的视角之一就是将社会网络看成一个图，由被线连着的点组成。其中，节点代表社会网络中的行动者，可以是一个人、一个企业，也可以是一个国家；连线表示行动者之间的关系，如"朋友关系""亲属关系"和"同事关系"等。

一个图 G 由两个信息集合组成：节点集合 $N = \{n_1, n_2, \cdots, n_g\}$ 和各对节点之间的边的集合 $L = \{l_1, l_2, \cdots, l_k\}$，共有 g 个节点和 k 条边。在用图表示社会网络时，图的形式是多种多样的，如可以通过有向图、无向图、二值图、符号图、完备图、非完备图表示社会网络。

2. 社会计量符号表示

社会计量学研究的是一群人中积极和消极的感情关系，一个由人以及被度量的人与人之间感情关系组成的社会网络数据集合称为社会计量（Socio-metric）。社会关系矩阵（Soico-matrix）通常被用来表示社会关系数据。社会网络关系矩阵中最常用的矩阵叫作邻接（Adjacency）矩阵。其他如有向关系矩阵、多值关系矩阵、隶属关系矩阵等也常被用来表示社会网络关系。

社会关系矩阵 X 是大小为 $g \times g$（g 行 g 列）的一模网络。每个节点都对应着一行和一列。

$$X = x_{ij} = \begin{cases} x_{11} & x_{12} & \cdots & x_{1g} \\ x_{21} & x_{22} & \cdots & x_{2g} \\ \vdots & \vdots & \ddots & \vdots \\ x_{g1} & x_{g2} & \cdots & x_{gg} \end{cases} \quad i, j = 1, 2, \cdots, g \qquad (2-1)$$

在社会关系矩阵中，如果两个节点 n_i 与 n_j 间有边，则 $x_{ij} = 1$；否则 $x_{ij} = 0$。

（二）社会网络度量

社会网络研究的另外一个方面是对社会网络的度量，其中对社会网络中行动者的中心性度量是社会网络研究的重点。"中心性"表示个人或者组织在社会网络中具有的权利和中心地位。对于社会网络"中心性"的描述，有两种重要的度量方法：中心度和中心势。中心度指的是一个节点（行动者）在网络中处于核心地位的程度，中心势则描述整个网络图（群体）的紧密程度或一致性，即一个图的中心度。具体度量指标如表 2-4 所示。

表 2-4　社会网络中心性度量指标

	中心度		中心势
度中心性	点度中心度	绝对中心度	图的点度中心势
		标准化中心度	
中介中心性	中介中心度	绝对中介中心度	图的中介中心势
		标准化中介中心度	
接近中心性	接近中心度	绝对接近中心度	图的接近中心势
		标准化接近中心度	

1. 度中心性

度中心性（Degree Centrality）通过点度中心度和图的点度中心势表示。

点度中心度：对个体行动者的中心性进行度量应采用节点的度 $d(n_i)$，因此，点度中心度被定义为一个度量行动者度中心性的指标：

$$C_D(n_i) = d(n_i) = \sum_j x_{ij} \qquad (2-2)$$

需要指出的是，度中心性依赖于网络的大小 g，其最大值为网络节点数 $g-1$，所以，提出该方法的标准：

$$C'_D(n_i) = d(n_i)/(g-1) \qquad (2-3)$$

标准化之后，不同大小的网络间才可以进行比较。

图的点度中心势：考察一个图而不是一个节点，图的度中心势衡量的是图的集中度，通过如下公式来表示：

$$C_D = \frac{\sum_{i=1}^{g}[C_D(n^*) - C_D(n_i)]}{[(g-1)(g-2)]} \qquad (2-4)$$

其中，$C_D(n_i)$ 是行动者 i 的度指标，$C_D(n^*)$ 是网络中观测到的最大度值。

2. 中介中心性

中介中心性（Between Centrality）又称为居间中心性，是美国社会学家林顿·弗里曼教授1979年提出来的一个概念，它测量的是一个点在多大程度上位于图中其他"点对"的"中间"。他认为，如果一个行动者处于多对行动者之间，那么他的度数一般较低，相对来说，度数比较低的点可能起到重要的"中介"作用，因而处于网络的中心，根据这个思路就可以测量点的中介中心性。如果一个行动者处在许多交往网络的路径上，可以认为此行动者处于重要地位。

行动者 n_i 的中介中心度指标可以通过公式（2-5）表示：

$$C_B(n_i) = \sum_{j<k} g_{jk}(n_i)/g_{jk} \qquad (2-5)$$

其中，$g_{jk}(n_i)$ 表示连接行动者 j、k 的最短路上包含的行动者 i 的个数。

行动者的"中介"程度是一个概率和，当行动者 n_i 没有位于任何最短路径上时，$g_{jk}(n_i)=0$，而最大值 $g_{jk}(n_i)=(g-1)(g-2)/2$。因此，中介中心度可以标准化为：

$$C'_B(n_i) = C_B(n_i) / [(g-1)(g-2)/2] \qquad (2-6)$$

图的中介中心势允许研究者根据网络行动者的中介度的异质性来比较不同的网络。图的中介中心势指标可表示为：

$$C_B = \frac{2 \sum_{i=1}^{g} [C_B(n^*) - C_B(n_i)]}{[(g-1)^2(g-2)]} \qquad (2-7)$$

其中，$C_B(n^*)$ 是行动者中最大的中介中心度，g 是网络的节点总数。

3. 接近中心性

接近中心性（Closeness Centrality）通过接近中心度和图的接近中心势表示。

行动者接近中心度描述的是某一个行动者与所有其他行动者的接近程度，即如果一个行动者能快速地与所有其他行动者产生内在连接，他就是中心行动者。

定义 $d(n_i, n_j)$ 表示连接行动者 n_i 和 n_j 的最短路径的条数，则行动者 n_i 与所有其他行动者的总距离是 $\sum_{j=1}^{g} d(n_i, n_j)$。因此，行动者的接近中心度指标可表示为：

$$C_c(n_i) = \left[\sum_{j=1}^{g} d(n_i, n_j) \right]^{-1} \qquad (2-8)$$

这个指标描述的是行动者 n_i 到所有其他行动者的距离总和的反函数。接近中心度的最大取值为 $(g-1)^{-1}$，最小值为 0。该指标依赖于网络节点总数，为了使不同网络之间能进行比较，可将行动者的接近中心度标准化为：

$$C'_c(n_i) = \left[\sum_{j=1}^{g} d(n_i, n_j) \right]^{-1} (g-1)$$
$$= (g-1) C_c(n_i) \qquad (2-9)$$

标准化后的行动者接近中心度的取值范围为 0~1。

图的接近中心势反映的是群集中心度，这个指标建立在标准化的行动者接近中心度的基础上，可表示为：

$$C_c = \frac{\sum_{j=1}^{g} [C'_c(n^*) - C'_c(n_i)]}{[(g-1)(g-2)]/(2g-3)} \qquad (2-10)$$

其中，$C'_c(n^*)$ 是最大的标准化行动者的接近度。

点的中心度和图的中心势各指标归纳如表 2-5 所示。

表 2-5 点的中心度和图的中心势各指标

	点度中心性	中介中心性	接近中心性
绝对点度中心度	$C_D(n_i)=d(n_i)=\sum_j x_{ij}$	$C_B(n_i)=\sum_{j<k}g_{jk}(n_i)/g_{jk}$	$C_c(n_i)=\left[\sum_{j=1}^g d(n_i,n_j)\right]^{-1}$
标准化中心度	$C'_D(n_i)=d(n_i)/(g-1)$	$C'_B(n_i)=C_B(n_i)/[(g-1)(g-2)/2]$	$C'_c(n_i)=\left[\sum_{j=1}^g d(n_i,n_j)\right]^{-1}(g-1)$
图的中心势	$C_D=\dfrac{\sum_{i=1}^g[C_D(n^*)-C_D(n_i)]}{[(g-1)(g-2)]}$	$C_B=\dfrac{2\sum_{i=1}^g[C_B(n^*)-C_B(n_i)]}{[(g-1)^2(g-2)]}$	$C_c=\dfrac{\sum_{j=1}^g[C'_c(n^*)-C'_c(n_i)]}{[(g-1)(g-2)]/(2g-3)}$

资料来源：笔者整理所得。

第三节　企业合作网络相关理论与研究

"Kevin Bacon Game" 实验首次将复杂网络理论应用于合作网络，随后复杂网络理论和社会网络分析被广泛应用于各种合作网络的研究，如作者合作网络、专利合作网络。一般地，只要企业满足一些基本条件，并且参与过某个项目就可以被看作是企业合作网络的成员。企业合作网络不同于其他严密的组织架构，不断有企业加入到网络中来，也有企业因为主营方向转变或者破产而离开合作网络，总体上呈现出动态性，是一个复杂网络。

小微企业合作网络研究是基于社会网络理论研究网络对企业成长的影响，用于解释嵌入网络关系中的企业行为和网络本身之间的关系。目前，网络研究日益受到企业研究人员的关注，并成为研究小微企业生成问题的新方向。第一，关系强度：关系在信息、服务、商品等资源交易过程中是十分重要的。资源获取过程中的社会交易必须是可信及时的。已有研究将交易关系区分为强关系和弱关系两种（Granovetter，1973；Burt，1992），前者是与朋友和家人的亲密社会关系，后者仅是与人相识的关系。格兰诺维特的研究表明，网络与网络的重叠部分存在弱关系，弱关系导致更多的机会和信息扩散。针对社会网络中何种强度的关系类型对节点更加有利的争论在理论界一直持续地进行。第二，缺失关系——结构洞。除了对关系强度的关注，研究人员还关注网络维持中缺失关系对企业成长的影响。罗纳德·博特进一步指出，结构洞是一种缓冲器，是两个关系人之间的非重复关系，两人之间的网络贡献利益是可以叠加的，更加具有可变性。正因为如此，网络中的关系持续发生着建立、维持、破裂等行为，导致社会网络发生着动态演化。

一、小微企业生成的社会网络解释研究

自从 Barnes 1954 年引入"社会网络"一词以来，研究者们在不同领域，从不同角度对社会网络进行了研究。目前，社会网络的形成主要基于两种理论：一是以布迪厄（P. Bourdieu）和科尔曼（James Coleman）为代表的社会资本理论，二是以罗纳德·博特为代表的结构洞理论。小微企业网络是指小微企业为了自身的生存和发展而与其他企业、供应商、金融机构、中介机构、科研机构等行为主体建立的较为稳定的联系的集合。社会网络之所以受到企业研究者的关注，是因为社会网络与企业资源获取、企业成长具有紧密的联系。企业所需要的资源通过企业之间、企业与其他主体之间、企业与个人之间关系联结渠道的流动，为企业发展提供资源支持。Dyer 等（2001）指出，企业的关键资源可能会跨越企业边界，企业之间这种特定的联结是决定企业是否具有竞争优势的一种关键性资源。Gulati R.（1998）把企业之间纵横交错的联系这种不可模仿的资源定义为网络资源。通过引入"不可视资源"和"可视资源"的概念，明确了网络理论和资源基础理论对资源认识的差异。网络理论强调不可视资源，而资源基础理论则强调可视资源，显然传统资源基础理论并没有将一些会影响企业行为和企业绩效的不可视资源和社会认知资源纳入理论的分析框架。研究发现，从长期来看，决定企业竞争优势的不是那些有形的实物资产而是这些

不可视资源或无形资产（Shachar J and Zuscovitch E.，1990）。以往的研究证实了社会网络可使企业家获取更多的商业回报并扩大企业的规模（Xu Fengju et al.，2010；Baum H et al.，2012）。

国内学者姚小涛（2003）认为，中小企业在成长过程中具有高度不确定性和较低的资源获取回报可能性，因此必须通过社会性活动联系提高它们在公开市场或传统市场上交易的能力，通过网络联系获取所需资源。黄洁、蔡根女（2010）在对农村微型企业创业者的社会资本与绩效之间关系的研究中探讨了网络连带、关系信任对初创企业绩效的影响以及机会创新性的调节作用，表明在企业初创阶段，强连带对企业绩效的提高起关键作用，在商业网络中信任起主导地位。

二、小微企业生成的社会网络模型与实证研究

Karpak B.（2010）在社会网络关系相关研究的基础上，以土耳其的相关案例进行研究，构建了基于中小制造企业发展的社会网络模型。姚小涛等（2001，2003）在研究社会网络与中小企业成长模型时，基于 Bourdieu 的社会网络无形资本理论及 Burt 的结构空洞理论构建了基于社会网络构建与演进的中小企业成长模型：复制演进模型和重构演进模型。

大量的实证研究表明，网络规模的增长对企业成长有明显的推动作用，发现网络总规模与企业成长绩效之间存在正向关系。Lechner 等（2003）指出，仅关注企业网络总规模而忽视网络的构成，无法解释不同企业成长的差异。吕一博等（2010）针对这一问题通过将社会网络区分社交网络、声誉网络、合作竞争网络、营销网络、技术合作网络五种类型，建立社会网络与企业成长关系模型。在转型期制度经济环境下，企业家的社会网络对于中小企业成长有着积极的促进作用。由于我国目前仍处于经济转型期，制度并不完善，企业之间的合作往往需要所有者在其中扮演重要的补充角色。对此，姚小涛等（2004）构建了一个宏观与微观连接的理论模型，从微型企业所有者的个人关系角度入手探究微型企业网络和微型企业

成长之间的关系。王庆喜等（2007）从关系强度和关系重要性两个维度对小企业主的社会网络进行测量，证实了小企业主的社会网络、资源获取与企业成长绩效之间存在着递进式的正向关系。

合作网络是一种双模式网络，由两种类型的节点组成：一类是人员、机构或企业；另一类是它们共同参与的事件。合作网络的研究，一般是将双模式中的后一类节点投影到前一类节点上得到单模式网络。通过研究发现：企业在发展过程中，随时可能死亡，因此企业合作网络不断有旧节点的消亡和新节点的加入，是一个动态演化结构。

李永等（2009）和钱燕云等（2009）分别建立了企业合作网络的演化模型。李永等以"中国 1000 大上市公司营收排行"为数据源来验证演化模型，钱燕云等则使用计算机进行仿真。张丽娟等（2007）以本田、丰田、凯迪拉克、奔驰汽车制造公司与其主要零部件供应商组成的合作网络为例，分析了企业合作网络的无标度特性和小世界特性。由于数据收集较为困难，目前针对小微企业之间合作网络的实证研究很少。有必要识别小微企业网络结构，区分关系类型，掌握关键网络因素和结构演化拐点；关注影响成本与小微企业合作网络关系变化的因素，平衡网络效率与稳定性，帮助企业对网络进行动态管理。

第四节　企业生成理论与研究

一、企业资源基础理论

在企业成长，特别是中小企业成长的研究框架下，学者们从多个角度出发，对企业成长问题开展了讨论，取得了丰硕的学术成果。大量的研究将企业失败的主要原因归结于资源的缺乏（Chak，1998；Watson，2007）。

已有研究认为，企业由于缺乏资源难以面对环境带来的挑战，进而失去生存的能力。也有一些研究者认为，企业退出交易市场是由于企业不能满足客户的需求（Wernerfelt，1984；Barney，1991）。然而，这一观点却与组织生态理论相反。组织生态理论认为，影响企业成长的重要因素并不是内部的管理，而是企业运行所处的外部生态环境（Hannan and Freeman，1977）。仔细梳理组织生态理论可以发现，其认为影响企业成长的原因仍然是资源问题。当外部环境改变时，如果企业有足够的资源制定稳定的战略以应对环境变化，企业同样可以满足顾客的需求，创造价值，继续在市场中生存。因此，究其本质而言，企业失败的原因可以归结为企业是否有资源来应对环境的改变。

企业资源基础理论是分析企业成长的一个重要基础。事实上，该理论假设资源能使企业具备竞争优势、为消费者带来价值、保证企业生存下去（Amit and Schoemaker，1993；Wu，2010）。因此，企业拥有的资源越多，企业的竞争优势就越大，成长状况越好。然而，每个企业拥有的优势资源是难以模仿的、稀缺的、有价值的（Barney，1991）。显然，仅仅拥有足够的资源还不足以使企业具有竞争优势，这些资源还必须有重要的特征，才可以帮助企业在竞争激烈的市场环境中存活。基于这一点，识别这些具备某种特征的资源对于促进企业成长是至关重要的。

企业的生成研究应该从两个阶段进行讨论，一是企业的"生"，即企业创业阶段，是企业从无到有的过程；二是企业的成长阶段，即企业从小到大的发展过程。传统的企业生成研究是基于企业家在创业阶段的个体层面的特征分析企业生成现象。根据熊彼特的研究思路，早期研究多关注企业成功的内生要素，即多将个人的人格特征作为影响企业成长的主要变量。显然，成功企业家中很多特征是大多数企业家所不具备的极为优异的素质且特质之间又不乏矛盾的充斥。正如 Garter（1988）所指出的，如此超脱于现实生活的"完人"是不存在的。后来，研究角度转向人口统计和社会经济差异方面，从社会学的角度衡量教育程度、年龄、宗教信仰以及婚姻、民族（移民）等方面对企业生成的影响。从移民更加倾向于创业的研究结果来看，群体成员的关系可以用来解释企业成长问题。Gnyawali（2006，2009）指出，商业经验、信息分享、金融支持在企业所有者基于信任关系建立的个体或组织之间传递。之后，研究内容再次发生转变，人们开始关注企业家嵌入关系网络中的社会行为而非企业家个人特质。

随着对企业成长问题研究的深入，研究人员发现企业的发展并不是一个简单的线性函数，而是复杂的内部机制共同作用的结果。非线性为企业成长问题提供了新的研究思路，并导致了企业成长的复杂性。于是，企业成长研究开始摆脱对简单成长规律和因素的讨论，转向对复杂性的科学研究。随着企业合作规模、合作范围的不断扩大，企业之间的合作形成了复杂的网络（李明等，2005），物流、人流、能流和信息流交互作用，为企业提供了丰富的创新资源，促进了企业的成长。复杂网络研究、系统动力学等方法的引入，为分析企业成长与企业合作问题提供了有力的工具，使人们开始基于更为复杂的成长机制探讨资源对企业发展的影响。

二、企业生命周期理论

企业生命周期理论是一种生命型的企业成长理论，该理论将企业有机化，赋予企业类似生物的生命个体特征，每一个阶段，企业都通过竞争在外界生存环境中获取并输出资源，实现自身能力的提高。企业生命周期理论从生物学的角度将企业成长看作不同阶段的成长曲线，分析企业在不同的成长阶段具有什么样的成长特点，以及不同阶段影响企业成长的因素是什么。这一理论对企业成长路径的分析成为企业成长问题研究新的理论视角。

对企业生命周期的研究最早开始于戈登尼尔，他在1965年系统讨论了企业的生命力及生命周期与一般生物体生命存在的差别，指出企业在经历停滞之后仍有可能恢复生机。第一次提出企业生命周期概念的则是 Larry E. Greiner。之后，Kimberly 和 Miles 对组织生命周期的概念进行了解释，认为"组织在经历产生、成长、衰退之后，要么复苏，要么消失"。之后，很多学者都对企业成长的阶段问题进行了探讨，将企业成长大致划分为诞生期（几乎没有正式的组织结构）、青年期（功能专业化/快速成长）、成熟期（发展平缓/正式制度多元化集团）三个阶段。Churchill 和 Lewis 从规模和企业成长阶段两个维度，建立了研究企业成长的模型，指出企业在任何一个成长阶段只有依靠强烈的成长意愿和足够的资源支持才能保证企业成长，并且在任何一个阶段，企业随时都面临着成长或者死亡。

伊查克·爱迪斯（1989）对企业生命周期进行了最为系统经典的研究，将企业成长按照阶段性特征划分为三个阶段和十个时期。三个阶段包括企业初建时，灵活但可控性差的成长阶段；灵活和可控性都较强的再生育成熟阶段；灵活性和可控性都变得极差的老化阶段。十个时期分别是：孕育期、婴儿期、学步期、青春期、盛年期、稳定期、贵族期、官僚化早期、官僚期、死亡期。爱迪斯研究的贡献在于他所提出的模型提供了判断企业生命所处阶段的方法，突出了企业所有者的重要角色作用，指出企业在每一发展阶段都会遭遇危机，若无法解决问题，就会死亡。企业在克服成长困境的过程中，产生了对企业家、技术和管理变革的需求，成为企业发展的动力。这一观点与前期的五阶段（创业、指导、分权、协调、合作）和五要素模型（组织年龄、组织规模、稳定进化、剧烈改革、产业生长率）研究的结论相一致。

我国学者针对企业生命周期也进行了相关研究，并取得了相关成果。陈佳贵（1995）按规模将企业分为小企业和大中型企业两种，把企业成长周期划分为孕育期、求生存期、高速成长期、成熟期、衰退期和蜕变期，对企业生命周期和企业蜕变进行了探讨。此外，还将企业划分为欠发育的类型 A，主要指那些初创时是一个小企业，经过多年发展能力素质有了一定提高，但始终没有成长为大企业的企业；正常发育的类型 B，是那些最终成长为大中型企业，甚至超大企业的企业；超长发育的类型 C，主要指初创时是一些起点高能力强的大中型企业，最终成长为超大型企业和跨国公司的企业（见图 2-1），重点研究了属于类型 B 的企业成长各阶段的主要特征和关系企业是否延续的蜕变期。

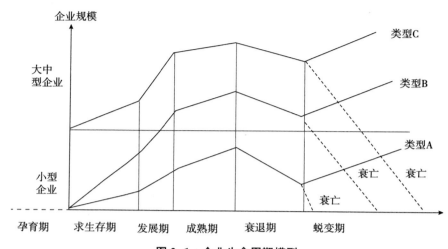

图2-1 企业生命周期模型

李业（2000）在爱迪斯和陈佳贵研究的基础上进行了销售额与企业生命周期之间关系模型的修订，探讨了引入衰退机制后任意一个阶段都存在的企业需要克服的、最终导致企业死亡的发展障碍，进一步说明了企业成长的非线性特点。

另外，还有很多学者针对企业不同生命周期创新环境下混合策略博弈模型的构建、人力资源外包、合作创新、高技术产品特性等因素导致企业生命周期呈现出的多样化问题进行了研究（林燕燕等，2010；高中秋等，2010；陶长琪，2003）。孙鹏义（2016）基于企业生命周期理论，采用理论分析和实证调研的方式，根据中国海洋旅游企业的发展阶段提出了不同时期企业所面临的困境，并给出对应的转型发展策略建议。

虽然关于企业生命周期理论的模型存在一定的差异，但是在很大程度上都包含了成长、成熟等阶段，具有一定的相似性。从已有研究的结论看来，企业成长具有连续性、递进不可逆性。企业成长或者死亡可能发生在任何一个阶段，具有非线性不确定的特点。后期实证研究发现，企业生命周期并不是严格按照研究者提出的阶段顺序发展的，成长期之后企业可能进入成熟期，也有可能进入下降期。研究人员发现，企业在时间和空间方面表现出相当多的生命特征，虽然将企业这些特征物化存在一定的局限，但企业生命周期理论仍然是用于分析企业成长规律和促进企业成长的一种方法。

三、企业竞争合作理论

合作竞争理论（Cooperation-competition Theory）源于对竞争对抗性本身固有缺点的认识和当今复杂经营环境的适应。企业经营活动是一种特殊的博弈，是一种可以实现双赢的非零和博弈。企业的经营活动有竞争，也有合作，促使了合作竞争新理念的提出。它是探讨网络经济时代企业如何创造价值和获取价值的新思维，强调合作的重要性，有效克服了传统企业战略过分强调竞争的弊端，为企业战略管理理论研究注入了崭新的思想。该理论的代表人物是耶鲁大学管理学教授拜瑞·内勒巴夫（Barry J. Nalebuff）和哈佛大学企业管理学教授亚当·布兰登勃格（Adam M. Brandenburger），他们 1996 年合著出版了《合作竞争》。他们认为，企业经营活动是一种特殊的博弈，是一种可以实现双赢的非零和博弈。

Maria Bengtsson 和 Soren Kock 也将既包含竞争又包含合作的现象称为合作竞争，他们共同研究了企业网络的合作竞争；Loebbecke 等研究了基于合作竞争的知识转移及合作竞争组织间的知识分配；Hausken 研究了团队间的合作竞争，认为利益主体间的竞争有利于利益主体内部成员积极性的提高，其他利益主体内的合作竞争也影响该利益主体内部的合作竞争程度；Mar 等认为，合作中利益主体把其他利益群体的活动视为正外部条件，竞争中利益主体则将其他活动视为负外部条件；Kenneth Preiss、Steven L. Goldman 和 Roger N. Nagel 认为，新型企业没有明确的界线划分，其作业过程、运行系统及全体职工都应与顾客、供应商、合作伙伴、竞争对手相互作用并有机联系在一起，企业必须走出孤立交易的圈子，进入相互联合的王国，获取竞争优势；麦肯锡高级咨询专家乔尔·布列克（Jole

Bleeke）和戴维·厄恩斯特（David Ernst）认为，未来的企业将日益以合作而非单纯的竞争为依据，企业会把合作竞争视为企业长期的发展战略之一。

合作竞争是一种高层次的竞争，并不意味着消灭了竞争，它只是从企业自身发展和社会资源优化配置出发，促使企业间的关系发生新的调整，从单纯的对抗竞争走向了一定程度的合作。对于在合作竞争中获得成功的基本条件，很多学者进行了专项研究，其中比较著名的是尼尔·瑞克曼（Neil Rackham）对大量实例进行研究后提出了合作竞争成功的三大要素，即贡献、亲密和远景。

贡献是指建立合作竞争关系后能够创造具体有效的成果，即能够增加实际生产力和价值。贡献是合作竞争成功要素中最根本的要素，是成功的合作竞争关系可以存在的原因。贡献主要来源于三个方面：一是减少重复与浪费；二是借助彼此的核心能力，并从中受益；三是创造新机会。

成功的合作竞争关系超越了一般的交易伙伴，具有一定的亲密程度，这种亲密在传统的交易模式下是不存在的。要建立这种亲密的关系，企业必须相互信任，相互信任是建立合作竞争关系的核心；信息共享，促使信息和知识的快速流动，降低信息收集和交易成本；建立有效的合作团队。

远景是建立合作竞争关系企业的导向系统，它描绘了合作企业所要共同达到的目标和如何达到目标的方法，激发员工的工作热情和创造性，成为建立合作竞争关系企业的活力源泉。远景要能发挥作用，企业必须能评估伙伴的潜能、发展伙伴关系、进行合作可行性分析等。

合作竞争是企业的长期发展战略，它从组织的长远发展角度，通过企业自身资源、核心竞争力的整合，以及组织之间的合作和相互学习，进行产品、服务、技术、经营管理等方面的创新，从而使企业形成持久的竞争优势。合作竞争有别于传统的零和博弈或负和博弈，它以实现合作竞争双方的共同利益为目标。要建立成功的合作竞争关系，企业要理性选择合作伙伴，考察合作伙伴的资源优势、创造贡献的潜能及合作伙伴的长期战略、企业文化、价值观等，从而对合作伙伴进行有效管理。企业的合作竞争联合了若干企业的优势，共同开拓市场、参与市场竞争，增强了企业在市场上的竞争力，具体有以下几方面作用。

（1）合作竞争的规模效应。合作竞争使企业实现了规模经济。首先，单个企业的相对优势在合作竞争的条件下得到了更大程度的发挥，降低了企业的单位成本；其次，合作使专业化和分工程度提高，对合作伙伴在零部件生产、成品组装、研发和营销等各个环节的优势进行了优化组合，放大了规模效应；最后，企业通过合作制定行业技术标准，形成了格式系统，增强了网络的外部性。

（2）合作竞争的成本效应。合作竞争降低了企业的外部交易成本和内部组织成本。企业通过相关的契约，建立起稳定的交易关系，降低了因市场不确定和交易频繁而导致的较高的交易费用。同时，合作企业间进行信息交流，实现沟通，缓解了信息不完全的问题，减少了信息费用，也有助于降低内部管理成本，提高组织效率。

（3）合作竞争的协同效应。同一类型的资源在不同企业中表现出较强的异质性，这就为企业资源互补融合提出了要求。合作竞争扩大了企业的资源边界，不仅可使企业充分利用对方的异质性资源，而且可以提高本企业资源的利用效率。此外，合作竞争节约了企业在资源方面的投入，减少了企业的沉没成本，提高了企业战略的灵活性，通过双方资源和能力的互补，产生了 1+1>2 的协同效应，使企业整体的竞争力得到了提升。

（4）合作竞争的创新效应。合作竞争可以使企业近距离地相互学习，从而有利于合作企业间传播知识、应用知识，同时也有利于企业将自身的能力与合作企业的能力相结合创造出新的能力。此外，合作组织整体的信息收集、沟通成本较低，企业可以更加关注行业竞争对手的动向和产业发展动态、跟踪外部技术、进行管理创新等，为企业提供了新的思想和活力，大大增强了企业的创新能力和应对外部环境的能力。

第五节　综合评述

以往对企业成长的研究，多关注创业者个人的特质或企业外部生存环境，且忽略企业主体的自身能动价值，但是单一的内生要素或外部因素无法解释区域背景差异化问题，因此，迫切需要将小微企业成长研究纳入系统考量范围。

2011 年《中小企业划型标准规定》首次将微型企业（Micro Enterprise）作为独立的企业类型后，微型企业的成长成为了研究热点。针对微型企业的研究，多根据资源基础理论、委托代理理论、技术创新理论、交易费用理论等开展，主要集中在小微企业的概念界定、融资、信贷、区域创新网络构建、信息经济发展等方面。以往研究对小微企业的发展及解决相关问题奠定了一定的基础，但是小微企业商业活动日益网络化，而网络特征又具有多元性，并随企业外部环境的动态变化呈现出动态演化特点，动态复杂网络环境给解决传统企业资源与能力问题的资源基础理论、企业生命周期理论、核心竞争力理论、动态能力理论等带来了新的挑战，亟须寻求全新的途径使小微企业在复杂关系网络和动态环境下提高获取资源的能力和存活的概率。随着社会网络研究方法的兴起，企业成长与社会网络的相关研究日益融合，对小微企业生成与成长的研究也成为社会网络研究的重要组成部分。

随着小微企业研究的深入，研究方法也日益多样：

（1）简单调研的研究方法。通过对"小微亏"生存状态的揭示，根据小微企业发展过程中的现实问题给出相应的政策建议。

（2）定性与定量研究方法。定性研究，多采用案例、访谈等方法解决问题。随着计量工具的引入，对小微企业的研究更多地采用定量的研究方法。研究人员认为，相比定性研究方法，定量研究是更加严谨的。然而，

Rahbauer S. 等（2016）对这种观点持批评态度，认为即使使用了实证数据，数据的获取也是片面的，对小微企业的解释力并不强。

（3）模型分析的方法。该研究方法强调企业管理的研究范式，采用数学解释抵抗性较小的运算方式，建立简化的模型对小微企业进行研究（Williams Colin et al.，2016）。然而，以 Shin J. 等（2017）为代表的学者认为简单抽象的模型将企业问题过于抽象化，并不足以对经验世界进行解释。

第三章

信息可视化下的小微企业知识结构量化分析

　　小微企业及其成长研究是市场发展与小微企业管理实践活动相互需求的产物。目前，国内外对企业管理进行了一定的定性研究，主要是通过文献综述分析总结企业管理的现状。此外，也有学者对中小企业管理研究进行了系统化的定量分析，但缺乏系统化的定量研究（吕一博，2011）。小微企业在市场经济环境及企业生态群落中具有其特殊的意义，但鲜少有分析小微企业及其成长理论的文献。目前对于企业成长，就科学计量的角度更多的是具体研究方向的挖掘。以小微企业为研究对象，分析关于其发展研究脉络的论述较少，无法清晰的展示小微企业生成研究结构和关系。因此有必要采用定量方法和可视化信息技术对小微企业研究展开系统性的结构化研究，分析热点主题及前沿知识点之间的内在联系。

　　目前，信息数字化导致知识资源呈现爆炸性增长态势，如何有效挖掘知识本质特征与规律成为科学计量的关注重点。信息可视化技术通过计算机程序形象地展现科学知识图谱，对文献数据信息进行分析，是一种以科学知识图谱的形式为科学计量学提供直观呈现学科主干理论动态结构的分析方法。

　　本章的研究工具是 CiteSpace 软件，该软件本质上是一种宏观知识计量的信息可视化工具，通过文献的引用和被引用关系挖掘整个学科（某一研究问题）的脉络结构，借助这一分析工具能够厘清小微企业生成的知识基础、研究热点，网络结构的变化，可以明确反映小微企业知识结构及发展趋势。

第一节　信息可视化的理论基础

一、科学范式的转换

"范式"（Paradigm）这一概念最早出现在托斯·库恩的《科学革命的结构》一书中，所谓范式是科学家共同的认知、信念和行为方式，是科学运作的理论基础与实践规范，是对基本理论与观点的共同遵从。随着科学的发展、知识的增长，"范式"也随之发生改变。也就是库恩所提出的"前科学—常规科学—科学革命—新常规科学"，在范式形成过程中，先经历了科学家分歧辩论与选择的过程，最终形成了一个共同体认知的范式，并运用这些相关的理论和研究方法揭示现实自然与社会中的实际现象原因。研究推动过程中会产生现有"范式"无法解决的新问题，那么科学革命就随之而来。

范式的转变反映了科学研究形成、发展和转换的全部进程（见图 3-1），根据图灵奖得主 James Gray 演讲稿整理而成的 *The Forth Paradigm：Data-Intensive Scientific Discovery* 指出，未来的科学是数据密集型科学，除了模拟仿真以外，计算机还可以通过分析总结获得结论，新的范式关注相关数据关系。在知识图谱研究领域则是引文聚类的形成、积累、扩散、转换进程，揭示了研究领域研究前沿的凸显与演进进程。"范式"本质上是知识单元的组合，通过范式积累与变革理论，可解读图谱基于知识单元的聚类积累与转换。根据库恩的观点，经典著作及涌现是科学的知识拐点，对应于共引网络图谱中关键节点的被引突现性（Burst）。

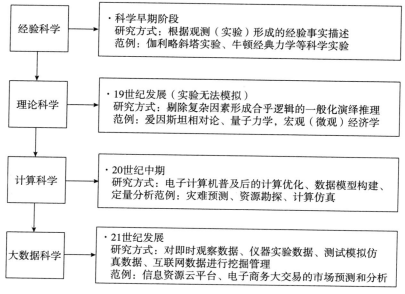

图 3-1 研究范式的转换进程

二、结构洞理论

格兰诺维特"弱关系的强度"观点认为，朋友家人等亲密关系属于强关系，会产生信息趋同问题，而弱关系可以产生多样化的信息，也就是说新的信息和知识来自于个体所处圈子之外所建立的关系。罗纳德·博特提出了结构洞理论，基于此可以发现网络中关键节点和中介位置，即知识转折点。Chaomei Chen 的《在迈向一个解释性和计算性科学发现理论》从网络角度对信息可视化对知识结构的展现进行了解释。识别网络中关键节点及关键位置的发现技术的出现，使研究人员能够发现知识的转折点。共引文献知识单元的重组会形成新的知识网络、创造新的知识单元。知识单元的差异性越大，那么知识单元重组所创造的价值也就越大，说明了研究发现的重要性。

三、信息觅食理论

信息觅食最早是在生态学和人类学中，用来模拟和解释动物觅食行为的概念。生物对环境适应力的不断增强，在很大程度上体现为生物结合自身特点与所属环境做出的最优觅食策略。与之相类似的是，在互联网高速发展的人类社会，信息搜索引擎的出现，使用户需要在自身所处信息环境中平衡信息搜索所需的时间、精力，不断改变对信息环境的认知，达到信息收益最大化的效果。

20世纪90年代，Pirolli 在 *Information Foraging Theory* 中正式提出了"信息觅食理论"。

1. 基本理论基础

信息觅食对信息线索分析的基本理论基础主要有：社会心理学家 EgonBrunswik 的透镜模型、Anderson 的归类适应性理论、Anderson 的记忆适应性理论以及 Mcfadden 的随机效用模型。

（1）透镜模型（Lens Model）。该模型认为人类对事件进行判断的思维特征主要是通过某些线索展开的。其关注个体对线索的使用情况，通过分析线索在人们觅食决策中所占的比重理解策略判断过程。

（2）归类适应性理论（Adaptationist Theory of Categorization）。该理论描述了如何透过已观察到的内容对尚未观察到的内容进行预测。

（3）记忆适应性理论（Adaptationist Theory of Memory）。该理论关注如何根据现有的信息背景对所需信息进行检索。

（4）随机效用模型（Random Utility Model）。该模型关注人们在有限的可能中做出决策的行为。

2. 信息觅食理论的基本模型

Stephens 和 Krebs（1987）在 *Science* 杂志上提出了最优化觅食理论的两个传统模型：斑块模型和食谱模型。

（1）斑块模型（Patch Models）。该模型认为动物生存环境中的食物资源呈"斑块"状，动物考虑以下两个问题：在不同斑块的觅食时间以及何时结束选择下一个觅食斑块。科学信息环境中的信息资源亦可以被视为"斑块"分布，科学网络中的链接就是一个信息斑块，文献即为一个斑块资源。

（2）食谱模型（Diet Model）。该模型关注不同环境下觅食对象的合理化选择问题，平衡信息觅食所耗费的时间、精力等成本与觅食收益。与传统信息检索及信息获取不同的是，信息觅食理论认为用户的目标和行动并非事先确定的，在检索过程中可能会随时改变目标或所处信息环境，通过特定的任务和信息环境建立网络中的斑块模型，进而在一定程度上对其转移行为进行模拟，并可以根据边际收益解释信息获取的效率问题。

信息可视化技术就是模拟人们在网络环境中的信息搜寻行为，发现知识转折点，揭示科学网络的结构与时间属性，展现知识传播与演变的路径。

第二节　信息可视化技术与 CiteSpace 软件

一、信息可视化技术

可视化技术中最早出现的是科学计算可视化技术。该技术结合了计算机图像处理与图形学技术，支持在屏幕上显示科学数据转换的图形（像）。可视化研究一个重要的特点就是允许用户按照自身兴趣进行选择关注，实现数据人脑交互，而不仅仅局限于静态图像呈现。

目前，全球数据量以年增长率 50% 的速度增长，可视化是对海量数据处理的重要工具之一，可帮助科学家挖掘数据内部的隐秘关系，探索信息蕴含的规律，提升对抽象数据的认识。随着信息海啸的到来，数据的类型日趋多样化，包含文本数据、图像数据、音（视）频数据和传感器数据。抽象数据爆发式呈现，难以继续采用原有方法进行处理。面对数据的整合和大数据的处理需求，研究人员提出并发展了信息可视化技术。Zellweger P. T.（2000）认为，信息可视化关注的是那些抽象、无形的数据，比如文本、分级结构和统计数据。其简单化概念如图3-2所示。这一技术能够辅助研究人员透过抽象数据，最大限度地利用人们的认知功能，用视觉快速辨识信息，进而从内容到结构深入发现数据蕴含的规律，为数据使用者提供决策支持。

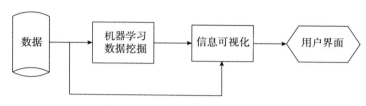

图3-2　信息可视化的简单概念

信息可视化既是一种理论，也是一种技术和方法。目前，信息可视化的应用主要集中在情报学、测绘科学和计算机三个方向，具体内容为：一是与地理信息系统（Geographic Information System，GIS）相结合进行相关研究；二是应用于数据挖掘、信息检索及知识可视化方向；三是基于科学文献计量绘制某一研究领域的知识图谱，获取研究前沿及热点，其中CiteSpace是进行此类分析的重要工具。

二、CiteSpace 软件

库恩在《科学革命的结构》（*The Structure of Scientific Revolution*）一书中描述了科学发展的规律，即从常规到反常再到科学发现的涌现，并由危机的出现提出科学革命的必然性。根据库恩的观点，可以通过共被引网络的建立发现研究领域范式的转换过程。近年来，随着计算机技术和信息获取手段的发展，复杂网络理论和社会网络分析技术逐渐被引入信息科学领域，引文分析也逐渐从分析知识流动过程拓展为研究网络拓扑性质和生存机制，引申出引文网络分析和知识图谱等方法。

2004 年，美国德雷塞尔大学信息科学与技术学院的 Chaomei Chen 教授基于 JAVA 计算机编程语言，开发了近年来信息可视化分析中具有影响力的工具 CiteSpace。其是可视化分析的重要工具。

CiteSpace 具有以下基本特点：①数据处理方便，直接连接文献数据库。其中，Web of Science 及 PubMed 等数据库的原始数据无须进行矩阵格式的转换，可以直接导入 CiteSpace 进行分析绘图；国内 CNKI 和 CSSCI 等中文数据库先要进行软件格式的转换，然后进行分析绘图。②提供了多种数据展现的方式，同一样本数据可以进行时间序列、空间层次、聚类分析等多种图谱的绘制。③节点、连线、聚类的色彩清晰展现了不同时间段的数据变化。④节点采用引文年轮表示法，通过年轮厚度和标示数字，可以识别引文数和被引次数。⑤网络裁剪方式多样，包括最小生成树算法和Pathfinder，可以排除多余信息干扰，直观呈现网络结构。

CiteSpace 具有以下基本功能：①通过作者合作网络和机构合作网络，识别学科领域重要的研究团队和领头研究人员；②寻找学科领域演进的知识拐点；③识别学科知识演进的关键路径和研究知识基础；④预测学科领域研究前沿。其功能的实现如图 3-3 所示。

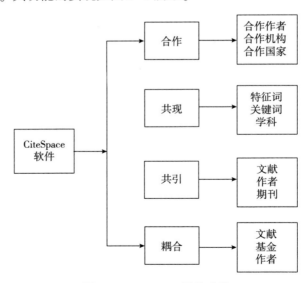

图 3-3　CiteSpace 软件功能

CiteSpace 软件在信息技术支持下，可使科学研究从验证假设探索因果关系逐步发展为从海量数据中发现隐藏的关系和本质规律。通过大量论文数据，绘制可视化的知识图形，对序列化的知识谱系进行展示，可探测研究前沿随着时间变化的趋势、研究前沿与其知识基础之间的关系，以及不同研究前沿之间的内部联系。CiteSpace 软件在数据中的具体应用流程如图3-4 所示。

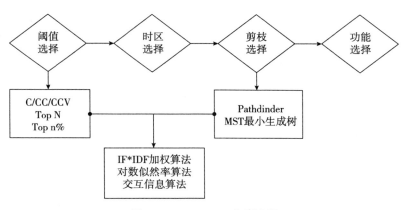

图 3-4　CiteSpace 应用流程

第三节　数据来源与标准化处理

一、数据来源与分析处理

本书选取国内的 CSSCI 数据库（中文社会科学引文索引）进行数据可视化分析。该数据库为中文核心期刊数据库，是经济类、管理类文献数据的重要来源，是权威的期刊论文数据库。另外，CSSCI 数据库收录的文章具备经济管理领域的专一性，不会产生研究范围弹性过大这一问题。首先，绘制作者和机构合作图谱。其次，探索小微企业成长理论的知识基础和关键演进。最后，对中国小微企业研究的发展趋势进行预测。

步骤一：样本选择，数据源期刊遴选。

以"小微企业"为检索词，以"篇名（词）"为检索项，匹配方式勾选"精确"，由于 CSSCI 收录文章的最早发文年为 1998 年，因此选取发表时间为 1998~2016 年的全部数据，文献跨度可以充分显示研究问题的发展状况。检索时间为 2016 年 10 月 10 日，共搜集相关文献 369 篇，剔除综述、评论、传记资料、报告及其他文献类型，仅选择"论文"，最终筛选结果为 357 篇，参考文献总数为 3504 条，分四次选择并下载保存文本书件作为分析数据。

论文及其参考文献研究的应该是类似的问题或拥有同一研究脉络。为避免存在某些期刊未被数据库收录等遗漏问题，笔者对所下载文章中每年被引用最多的 30 篇参考文献的来源期刊做共被引分析，确定是否存在遗漏，规避有未纳入中文社会科学引文索引数据库的期刊的问题。

将检索到的中文文献作为本研究所需要分析的原始数据库，并对每条信息编辑题录，对下载的数据进行标准化处理，转换数据编码格式 ANSI 为 UTF-8，作为研究分析的数据源，内容包括论文题目、作者、研究主题词、研究方法等信息。CiteSpace 对于 CSSCI 中文数据库检索出的数据需要转换为 WOS 格式的数据。因此需要先将中文核心期刊数据进行转换，继而进行数据分析。研究主题词字段转换对照表如表 3-1 所示。

表 3-1　中文核心期刊检索数据库文献主要字段转换对照

字段	含义	字段	含义	字段	含义
PT	文档类型	SO	文章来源	CI	作者机构
AU	作者姓名	DE	关键词	CR	参考文献
TI	文章题目	AB	摘要	TC	总被引频次

步骤二：信息提取和规范化。

　　数据分析之前，首先需要进行数据的规范化处理：去除无效关键词，合并相似关键词。所下载数据不存在没有关键词的文献，剔除无效关键词新常态、喀斯特地区后，关键词个数为 57 个，出现频次为 490 次，平均词频 8.59 次。也就是说，收集的数据中存在大量分布分散的近义关键词，需要对相似（重叠）关键词进行合并处理，比如，融资贵、融资难、融资困境等近似词。数据规范化处理后，得到 21 个高频主题词（见表 3-2）。

表 3-2　1998~2016 年小微企业研究高频关键词汇总

编码	关键词	频次	编码	关键词	频次
K01	小微企业	191	K12	社会网络	4
K02	科技型小微企业	98	K13	网络嵌入	3
K03	互联网金融	28	K14	产业集群	7
K04	税收政策（支持）	22	K15	商业模式	8
K05	企业融资困境	25	K16	场外交易市场	2
K06	资本 & 银行	31	K17	竞争 & 合伙人	9
K07	协同创新	13	K18	成长 & 绩效	8
K08	技术 & 科技创新	28	K19	影响因素	2
K09	演化博弈	2	K20	RORAC	1
K10	VAR 模型	2	K21	LS-SVM	1
K11	风险控制	7			

　　不同英文期刊对同一作者的名字的书写方式不同，为了避免重复，需要对作者名字的写法进行标准化替换。

　　为了分析的准确性和客观性，同一期刊在论文检索数据库中存在使用不同名称表示的情况，需进行分析前的标准化处理。

　　文献存在对作者单位名称书写不统一的问题，有些文献未能将作者单位具体到学院，需要对作者单位统一进行处理，对数据进行缺失完善，统一填写到院系。

二、小微企业知识领域可视化实现

采用文献计量分析、聚类分析和内容分析相结合的方式对小微企业知识结构进行深度的挖掘和分析。论文作者、所属学术机构及所在国家构成了研究关系网络的核心节点，这些核心节点所代表的研究主体在空间维度上展现小微企业研究的知识结构，结合发表年份在时序维度上展现理论的发展脉络。在时间与空间两个维度上对数据加以组织可得到小微企业研究的分布图谱。本书知识图谱可视化分析内容如表 3-3 所示。

表 3-3　知识可视化分析内容

✍ 选择 CSSCI 数据库（中文社会科学引文索引） 检索词："小微企业" 检索项："篇名（词）" ✍ 概述一：时间分布；概述二：空间分布 ✍ 关键词共现网络图谱（图 3-12） 说明研究热点所在 ✍ 知识基础分析共被引网络 ● 高被引重要文献列表（表 3-4） ● 知识基础图谱（图 3-13） ✍ 关键词聚类分析图谱（图 3-14）	一、时间分布 ①论文数据量逐年变化趋势（图 3-5） ②历年作者数量变化趋势图（图 3-6） 二、空间分布 ①机构分布 ● 高产机构柱状图（图 3-7） ● 机构合作图谱（图 3-8） ②作者分布 ● 高产作者柱状图（图 3-9） ● 作者合作图谱（图 3-10） ③期刊分布 ● 高频文献期刊（图 3-11）

（一）小微企业研究的时间分布图谱

统计 CSSCI 数据库收录的关于小微企业研究的论文数量，以考察研究成果情况，发文量和小微企业研究人员数量的逐年变化趋势如图 3-5 和图 3-6 所示。

从图 3-5 可以看出，2012 年以后关于小微企业研究的论文数量陡然成

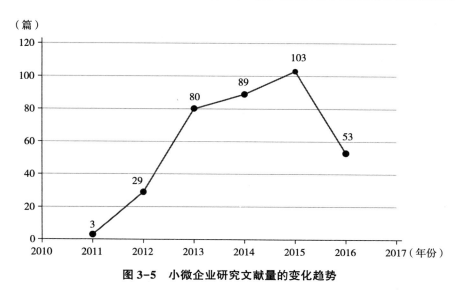

图 3-5　小微企业研究文献量的变化趋势

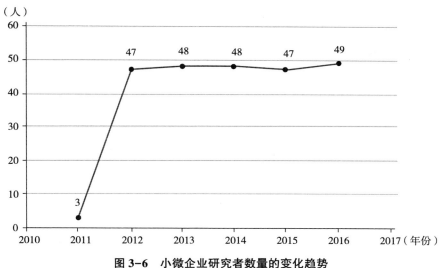

图 3-6　小微企业研究者数量的变化趋势

倍增加，国内研究小微企业的热潮就始于此。值得注意的是，在 2015 年研究小微企业的论文数量出现减少态势。从图 3-6 中可以看出，与论文成果数量走势相吻合的是，在 2011 年研究人员大幅增加，随后 4 年内参与小微企业研究的人员数量变化不大。在政府着重小微企业经济意义的背景下，依然未出现研究人员广泛关注小微企业的局面，说明小微企业的研究出现了瓶颈，研究关注的对象和问题过于专一，需要通过总结以往研究的热点，为进一步深入研究积极探寻研究新热点。

小微企业研究热潮与政府对小微企业的重视和现实经济发展出现的问题具有紧密关系。一方面，面对经济发展动力不足，作为企业生态群落的基石和国家工商业的肥沃土壤，小微企业为社会创造了大量的就业岗位，也为大企业提供了丰富的基础原料和零部件成品，其经济社会价值引发关注。另一方面，网络技术的发展以及新媒体技术的兴起，为小微企业经济活动提供了新的信息媒介，也在一定程度上降低了搜集小微企业动态信息的难度，提高了数据可获得性。

（二）小微企业研究高校及作者的空间分布图谱

1. 小微企业研究的机构分布情况

这一部分考察了国内研究小微企业的核心学术团队与研究机构，核心期刊发文量的阈值设定为 4 篇论文以上，运行 CiteSpace 得到小微企业研究高产的研究院所如图 3-7 所示。CSSCI 数据库收录的研究小微企业的文献涉及的单位一共 680 个，其中同高校不同院系的数据并未合并，比如西安交通大学经济管理学院和西安交通大学人文科学学院作为两个单位统计。高产研究院所主要集中在南方小微企业发展较快的江浙地区。其中，江苏大学管理学院发表相关研究文献 13 篇，南京工业大学经济与管理学院发表相关研究文献 6 篇，湖南农业大学经济学院、南京农业大学金融学院和山东大学管理学院发表的研究文献同为 5 篇，表明这些院校在小微企业研究方面具有较强的科研能力和学术影响力。南京大学、四川大学、武汉大学、浙江工业大学等科研单位发表的文献数量紧随其后。

机构合作图谱可以考察不同机构之间是否存在合作情况以及该领域知识交流的状况。在 CiteSpace 中，阈值选择为 Top N = 50，最低被引次数阈值 C 设定为（2，2，20），共引频次 CC 设定为（4，3，20），共引系统阈值 CCV 设定为（4，3，20）。阈值设定之后，生成小微企业研究的机构合作图谱。计算结果：N = 100，E = 8，密度 Density = 0.0016。结合图谱（见

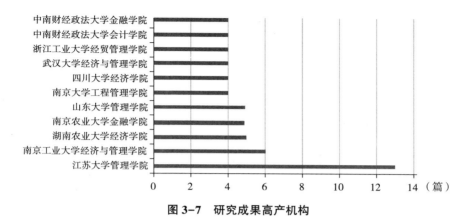

图 3-7　研究成果高产机构

图 3-8）可知，网络中有大量孤立的结点存在，网络密度较低，说明不同研究机构之间鲜有合作关系。存在合作关系的机构具有明显的地域性，合作主要发生在当地高校与金融机构之间，或同一高校的不同院系之间。

图 3-8　研究机构合作图谱

2. 小微企业研究的作者分布情况

数据库中文献作者总数为 241 人，选取发文数大于 3 篇的作者为高产作者，统计结果如图 3-9 所示。与高产机构结果一致，湖南农业大学、江苏大学的学者在小微企业研究中处于领先位置，随后为南京工业大学和南京大学的学者。

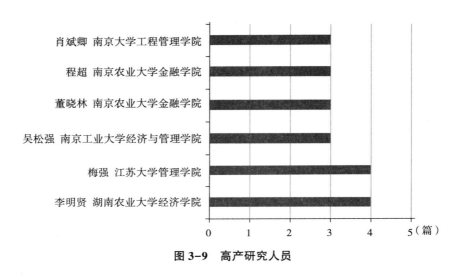

图 3-9　高产研究人员

作者合作图谱可以考察不同作者之间是否存在合作情况以及该领域知识交流的状况。在 CiteSpace 中，阈值选择为 Top N = 20，最低被引次数阈值 C 设定为（2，2，20），共引频次 CC 设定为（4，3，20），共引系统阈值 CCV 设定为（4，3，20）。阈值设定之后，生成小微企业研究的作者合作图谱。计算结果：N = 89，E = 29，密度 Density = 0.0074。由于存在团队内部合作的现象，作者合作网络的密度要高于机构合作图谱，但是网络整体未形成具有凝聚力的子群。作者合作的可视化效果如图 3-10 所示。

3. 期刊分布情况

考察期刊发表小微企业主题论文的情况，发现 CSSCI 数据库共收录关于小微企业研究的刊物 50 个，绝大部分是科技类经济管理杂志。由图 3-11 可知，《科技进步与对策》发文量 81 篇，超过小微企业总发文量的 1/4，表

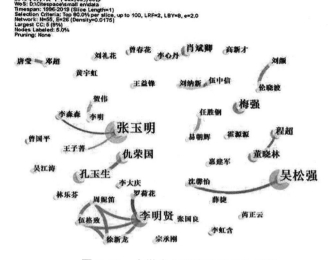

图 3-10　小微企业研究作者合作图谱

明该刊物对小微企业特别是科技型小微企业研究较为支持、重视。排名随后的期刊是《科技管理研究》《税务研究》。

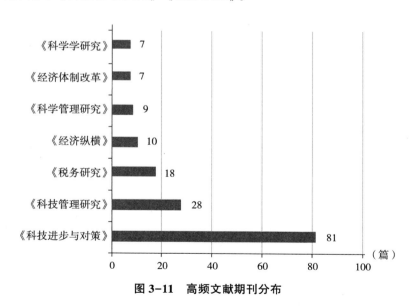

图 3-11　高频文献期刊分布

第四节　小微企业研究前沿与热点分析

研究前沿是施引文献，研究基础是被引文献，两者通过引文相连。研究前沿的探索可以通过生成文献共被引网络的方式实现，研究热点则可在研究前沿中通过 Kleinberg 算法对突显词（Burst terms/phrases）进行探索。在被引文献中进行引文爆发分析以突显节点，其中中心性和突显性越高的节点，Sigma 值也越高。关键词共现网络图谱的实现方式有两种：关键词词频排序和关键词共现图谱。

一、小微企业研究的关键词共现网络图谱

CiteSpace 提供了三种可视图：①聚类视图：反映不同研究领域的知识结构；②时区视图：描绘研究主题随时间演变的趋势和相互影响；③时间线视图：显示主题研究基础的时间跨度。

本小节对文献高频关键词进行演进分析，限于 CSSCI 数据的语言特性，很难获取完全引文数据，因此关键词共现的分析采用的是一种常用的图谱分析方法。数据是以"小微企业"为篇（词）名获取的，因此"小微企业"必然是图谱中最大最重要的节点，所有的节点都与它存在共现关系，这必然会导致该节点过大，网络结构过于集中杂乱。因此，将"小微企业"从数据中抹去，重新生成一张结构清晰的共词网络，以准确表达信息背后的规律（见图 3-12）。鉴于节点之间的连线过于复杂，无法清晰直观展现关键词共现网络图谱，所以将连线隐去，只留下节点信息。

由图 3-12 可知，相关研究领域围绕"小微企业"而形成，图谱的一部分以小微企业"融资问题""互联网金融"为主导；另一部分以国家层面的"税收政策分析"为主导，引出了小微企业"社会网络""产业集群"

"创新"等研究分支。

图 3-12　关键词共现网络图谱

二、小微企业研究的知识基础

对小微企业研究知识基础的展现主要通过两种方式：①高被引参考文献；②知识基础图谱（共被引网络）。

研究领域的知识基础是界定相关主体的概念，利于明晰研究前沿，可通过文献的应用轨迹挖掘知识参考来源。以共被引网络的形式展现，其中网络中心性高的为领域研究的重要文献，如表 3-4 所示。

表 3-4　高被引重要参考文献

排序	被引次数	中心性	年份	作者	文献	文献来源
1	13	0	2012	谢平	《互联网金融模式研究》	《金融研究》
2	11	0.11	2012	吴江涛	《科技型小微金融制度创新研究》	《科技进步与对策》
3	10	0.04	2012	安体富	《促进小微企业发展的税收政策研究》	《经济与管理评论》

续表

排序	被引次数	中心性	年份	作者	文献	文献来源
4	6	0	2014	徐洁	《互联网金融与小微企业融资模式创新研究》	《商业经济与管理》

从图 3-13 中可以看出，参考文献节点并非存在于一个完备的网络之中，图中存在离群孤立节点，这说明对小微企业的研究存在多个主题，其中存在较大的主题群，说明该群具有共同的知识基础。

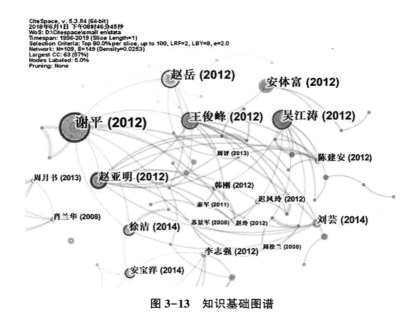

图 3-13 知识基础图谱

三、聚类结构分析

依据网络结构和聚类的清晰度，首先衡量网络中聚类结构的 Modularity（模块 Q 值）和 Silhouette（平均轮廓 S 值）指标。一般而言，Q 值的取值区间为 [0，1] 内，Q>0.3 意味着社团结构的划分是显著的；S 值为 0.7 时，划分聚类高效且信服程度高，只要其值在 0.5 以上，就代表划分结果是合理的，若 S 值无穷大，则聚类个数通常为 1，说明选择的网络可能过小，只代表一个研究主题。从文献计量的角度来说，聚类数据的分析结果可以通过被引频次最高的研究论文在主题领域空间维度的知识结构进行可视化展示。

本书对关键词的聚类分析采用 Pathfinder 算法，其中 Modularity Q = 0.7099，Mean Silhouette = 0.7638，说明社团和聚类的划分是显著且可信的。对参考文献进行共被引聚类识别研究，共识别出小微企业研究的八个聚类，根据研究内容可以归纳为八大研究类群，分别为：①动态博弈-金融缺口；②科技型小微企业-创新能力；③中小微企业-小微企业；④创新网络-社会网络；⑤金融机构规模；⑥最终理想解-梯度理论；⑦生命周期理论-税收制度改革；⑧商业银行-IS SVM。图 3-14 按照年份给出了研究热度分析，从早期（1998 年）到近期（2016 年）研究热点的转变。就企业类型来说，研究日益关注企业的创新能力，特别关注科技型小微企业。剔除小微企业和科技型小微企业两个聚类，最大聚类为创新网络/社会网络、金融机构、动态博弈、生命周期理论。其中，创新网络/社会网络聚类为橙色，表明网络研究是 2016 年近期研究大热点。

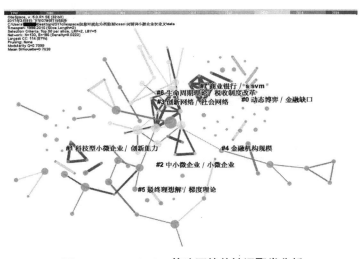

图 3-14　Pathfinder 算法下的关键词聚类分析

第五节　本章小结

本章绘制了参考文献的共被引关系图谱，通过图谱内不同参考文献共被引的关系对小微企业研究进行聚类分析，明确研究的方向，继而具体分析单个研究方向的研究基础。通过分析看出，网络成为企业成长研究主题的高频词汇和最新的研究方向。

目前，已有研究者运用社会网络理论解释了社会资本的形成，阐述两者之间的异同点，证实了利用社会关系网络获得社会资本和社会资源可促进企业成长。但是很少有研究涉及不断扩大的社会关系网络所引致的成本增加问题，即社会关系网的交易费用难以度量以及在开发、维持社会关系网的过程中，随着网络的扩大交易费用也不断增加。在中国传统文化背景下，"关系"具有更深层次的含义，小微企业在资金有限的困境下，对关系的构建、维持进行过多地投入必然对企业成长产生影响。同时，若企业对个人关系网具有高度的专有性和依赖性，一旦某些关键性关系突然缺失或丧失，也将使企业陷入困境。当前，针对企业特别是小微企业的研究结论尚存在争论，且交叉分析小微企业与网络关系的研究也不多见。所以本研究从收集小微企业研究文献入手，从实证（第四章）和仿真（第五章）两个角度研究网络对小微企业生成的影响，并对企业成长进行预测。

小微企业合作网络结构对企业成长影响研究

第一节　研究背景

随着科学技术的快速发展，行业分工和企业经营内容日趋细化，企业与其他主体之间的合作逐渐成为维持和促进企业成长的主要形式。小微企业通过项目合作与交流可以有效地提高其生存率和竞争能力。这种合作所形成的小微企业集群，通过信息传播、技术和资源共享、知识价值的发挥，可使集群效应最大化，进而促进企业成长。随着生产专业化程度的逐渐提高，一个项目往往由若干企业合作完成，合作网络成为反映小微企业与其他主体合作情况的最直观的形式。小微企业与合作伙伴之间的二元关系显著影响社会网络中的信息技术传播和资源流动。通过对小微企业合作网络进行分析，明确某一时间或阶段内合作网络的结构及其动态变化情况有助于了解企业之间合作的状态及其特征，帮助小微企业所有者厘清企业发展所必须维持的关系，快速获取企业发展所需要的资源。

社会网络理论通过概念化的网络结构模型刻画了企业与其他组织之间的关系，为小微企业合作网络分析提供了量化分析的工具。整合分析定量化的网络测度对企业绩效的影响，可将对小微企业成长问题的探讨纳入一个更加系统的研究中。

通过对已有文献的梳理，笔者发现对网络与企业发展关系的研究主要集中在：①对企业所有者在企业初创时期的特征、文化状况、网络愿景等社会网络前因变量的分析（De Mel S.，2014）；②企业社会网络的特征及其动态演化情况，包括网络规模、网络结构、密度、中心性、网络关系强度等维度（Zaheer A.，2005；Khoja F.，2010；赵忠华，2013；李浩，2014）；③社会网络对企业创业的影响（机会识别、资金支持等）以及企业在成长阶段社会网络对企业绩效的影响（Maurer I.，2006）。现有文献，缺少对小微企业之间的互动方式、小微企业合作的本质特征的发现。在企业创立成长过程中，识别关键网络结构特征，进而形成支持企业创立和发展的有效关系，是企业网络化的关键。本章将对网络中的节点与企业之间的关系进行分析，有助于企业了解并发现领域内的核心企业，为企业发现相关合作团体与潜在合作对象提供参考。

本章通过网络模型构建，首先从微观层面刻画网络结构特征及小微企业网络的核心分布状况；其次，通过多元回归分析建立回归模型，验证网络密度、关系强度、企业主观层面的网络关系建立愿景及网络中心性对小微企业成长起到的作用；最后，对模型进行总结和分析。

第二节　数据来源

本研究采用的数据集由两部分组成：①北京邮电大学本科毕业生自主创业学员调查数据；②北京邮电大学经济管理学院 MBA 学员调查数据。本书以直接向北京邮电大学毕业生和 MBA 学员发放问卷的方式收集数据，共调查收集到 307 份问卷，剔除缺失项大于 20% 的问卷，最终有效问卷为201 份。本书采用提名生成法获取合作伙伴，其合理性在于，一是保证了小微企业合作网络的整体性和连通性；二是采用简单随机抽样或其他抽样方式需要研究对象相对完整的名单，获知微型企业全部节点的名单及节点之间的合作关系的困难是比较大的。

本研究调查问卷由三部分构成。第一部分是对小微企业背景信息的获取。其数据内容有：①企业数据，包括企业名称、企业组织形式、企业规模、所处行业；②企业家数据，包括年龄、学历、创办企业时所处行业。第二部分是对小微企业资源获取情况和外部联系的调查。具体操作是，要求被访对象填写三到十个合作对象，从而获取小微企业合作伙伴名单，并根据是否存在合作关系对数据进行 0~1 编码（0 表示企业之间不存在合作关系，1 表示企业之间存在合作关系），从而生成 0~1 矩阵。另外，对于小微企业资源获取采用李克特七级量表对条目进行量化。第三部分是对企业生存状况和社会交往成本的调查。数据内容包括企业所处生长阶段、企业生成的资金来源、销售及创新状况、人力资源结构、创业初期社会交往成本等。

第三节　网络结构特征分析

一、网络结构可视化分析

小微企业合作网络以小微企业为网络的节点，合作关系为边。具体步骤如下：①收集到 201 个主体，剔除 4 个孤立节点后，将剩余的 197 个小微企业及合作主体作为研究的样本，形成小微企业合作关系的有向链接网络。②在小微企业合作网络模型中，每一个节点代表企业或者组织，对合作网络中的小微企业样本数据进行编码，以企业与其他企业或组织之间的连线表明两者之间存在合作关系。我们将小微企业合作网络的形式化定义为：

$$N_c = [V(t), E(t)] \tag{4-1}$$

其中，$V(t)$ 表示小微企业合作网络在 t 时刻所包含节点的集合 $\{i\}$；$E(t)$ 表示网络在 t 时刻节点之间的边的集合 $\{e_{i,j}\}$；$e_{i,j}$ 表示企业与其他主体之间的合作关系。如果节点 i 和 j 之间存在边，即企业 i 和主体 j 之间存在合作关系，$e_{i,j}(t) = 1$，否则 $e_{i,j}(t) = 0$。对 197 个企业按照模型构建中的关系，进行共线统计分析，从而得到一个 197×197 的小微企业合作关系矩阵（矩阵的行表示企业，列表示企业所指出与之合作的对象）。使用 Kamada-Kawai 算法生成小微企业合作网络结构，其可视化结果如图 4-1 所示。

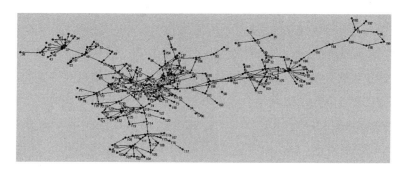

图 4-1　小微企业合作网络结构

根据网络分析的一般度量对所构建的小微企业合作网络进行分析：在本研究所收集的节点总数为 197 的小微企业合作社会网络图中，网络的密度 D = 0.0146，标准差为 0.1198，网络中心势为 6.25%，网络的异质性为 0.69%，网络的集聚系数为 0.051。网络密度的大小，反映了网络对于其中行动者的态度、行为等产生的影响。网络的密度越大，对于行动者的影响越大。小微企业合作网络分析的结果表明，小微企业之间的合作程度较低，企业之间联系不强，网络的整体结构较为松散。这必然导致整体网络中企业之间信息、技术、资源等的流通较差，不利于企业的共同成长。

通过网络的凝聚性研究发现：小微企业合作网络中任意两个节点之间的平均距离为 7.260，建立在距离基础上的凝聚力指数为 0.096，说明整体网络的凝聚力较差。网络聚类系数较小有两个方面的原因：一方面是企业交易的形成需要双方建立合作关系，而关系的建立首先要拥有一定数量具有合作意愿的合作者，并需要支付一定的成本来维系关系（如频繁的社会应酬），可企业建立合作关系的能力是有限的，其活动范围也是有限的，这必然会影响网络的聚集系数。另一方面是由于网络数据获取方式并不能保证网络中节点邻居之间也存在关系。

节点的中心性是反映节点位置重要性的指标。虽然整体网络呈现出较为松散的状态，但是内部仍然具有一些小的凝聚子群。研究网络的核心边缘结构首先需要确定网络中是否存在核心节点以及这类核心节点的数量。下面，笔者将对小微企业合作网络的中心性和子群划分进行进一步的分析。

二、小微企业网络核心分布

市场交易、信息流通及技术扩散都需要通过一定的渠道来完成，可在社会网络中，有些位置关系会对渠道产生制约。可制约性的社会关系需要关注节点的中心度和整个网络的中心势，进而才能对信息扩散和资源获取过程加以分析。社会网络分析中，中心性用于对重要节点度量，是反映节点结构位置的重要指标，对于衡量节点优越性、地位、声望具有很好的测度。笔者根据小微企业合作网络的特征，选取以下三种中心性指标分析企业核心分布情况。

（1）度中心性。度数测度反映了企业与其他节点主体发展交往关系的能力。其中，度数较大的节点依次为（数字为企业节点编号，括号内为企业所处行业）：8（金融）、177（科技）、37（制造）、103（制造）、166（服务）、20（科技）。节点最大度数为17，最小度数为1。整个网络的标准化点入度中心势和点出度中心势均为7.221%。合作关系具有对称性，网络整体的合作连接与被连接关系均衡。中心势越接近1，说明网络的集中趋势越明显，因此该网络的中心性并不是很强，没有显著的网络核心。小微企业合作的整体网络的中心势较小，这与密度分析所得到的结论一致。

（2）中介中心性。中介中心性衡量的是节点在多大程度上处于其他点对捷径之间以及节点控制其他节点之间联系的能力，与节点在网络中位置的重要性呈正相关。节点的中介中心度越高，说明其在网络中控制其他节点的能力越强。小微企业合作网络的中介中心势为 17.11%，从点度中心势指数和中介中心势指数来看，整个网络的中心度较低，小微企业并不会受到其他小微企业主体的控制，同时对网络的整体把控能力较弱，资源控制和信息流通能力不强。编号为 65（通信）、162（互联网）、60（科技）、62（通信）的企业的中介中心性远远高于其他企业，其中介作用非常明显，因此这几个企业在整个小微企业合作网络中的位置相对重要。

（3）接近中心度。社会网络分析认为，节点与其他点的接近程度高，即节点与网络中其他点的距离很短，那么它依赖于其他节点的程度就会降低，则具有较高的中心度。编号为 65（通信）、62（通信）、60（科技）、162（互联网）的企业的接近中心度高于其他企业，说明这些节点在网络中的相对独立性较高，即核心程度较高。

企业合作网络中的社会关系是具有方向性的，这是因为企业资源的占有量是不同的，资源较少的企业会主动要求与拥有其所需资源的企业建立合作关系，从而造成了双方关系的不对称性。这种不对称的关系形成了社会等级，那些被需要的企业在网络中享有很高的威望。通过比较中心性的三个指标发现，小微企业合作网络的中心测度排名并不一致，说明这些值较高的节点的核心能力并不均衡，网络中没有非常明显的核心节点。

三、合作团体识别与划分

理解小微企业合作的网络结构及企业个体嵌入性的重要手段就是划分子结构或者子群、派系，这也是整体网络分析中最核心的部分。对群体问题的研究主要从以下两个方面展开：①从群体在整个社会关系系统中所占位置出发，分析群体之间、群体与大环境之间、群体内部成员之间的关系；②从个体与群体之间互动的角度出发，讨论个体作为群体之中的行动者是如何受群体观念、规范和价值观影响的。群体一般具有一定的凝聚力，体现在成员的认同感和归属感方面。在重叠派系的网络中（某些企业同时归属于两个派系），成员之间具有相对较强、紧密、直接或者积极的关系，其冲突和矛盾可能较少一些，资源和信息的流动扩散会比较迅速。如果各网络间的成员没有重叠，那么资源的流动扩散可能仅限于一个群的内部。本书采用派系（Cliques）子网探测方法，对子群进行形式化处理的基本思路如下：

①子群中企业关系具有互惠性；

②子群内部成员之间的关系密度相对高于内外部成员之间的关系密度；

③子群外部节点与子群内部所有节点都不存在直接联系，或者点之间的距离未超过一定长度。

基本步骤如下：

步骤一：构建节点之间距离不大于 n 的布尔矩阵 A 来描述节点间的联系。

步骤二：设定派系中的节点个数不小于 3，形成初始子网。

①寻找出矩阵中值为 1 的节点之间的联系，得到所有节点联系的集合 C_2。

②在两个节点存在联系的基础上，寻找与这两个节点共同存在联系的点。主要是利用以上节点联系的集合，将集合中各个元素的前缀即有联系的第一个节点相等的元素作为 3 节点最大团的第一个元素，如果剩余两个节点存在联系，则形成新的 3 节点最大团，得到初始子网集合 C_3。

步骤三：采用 $C_{K-1} \times C_{k-1}$ 方法产生节点为 K 的最大团子网的集合。但当满足以下条件之一时，停止寻找最大团。

①k 个节点的最大团子网中不存在有相同 k-1 个节点；

②k 个节点的最大团子网中存在有相同 k-1 个节点，但剩余的节点之间不存在联系。

根据以上子群探测方法将整个小微企业合作网络划分为多个子网络，合作个体数量小于 3 的不纳入分析范围。根据结果，可以清晰地看到小微企业合作网络有六个合作子网，其具体构成如表 4-1 所示。

表 4-1 小微企业合作子网划分

子群	成员
1	#1（科技）、#2（通信金融）、#3（金融）、#4（金融）、#5（金融）、#6（金融）、#7（金融）、#8（金融）、#9（金融）、#10（科技）、#11（科技）、#12（科技）、#13（科技）、#14（科技）、#15（科技）、#16（科技）、#17（科技）、#18（科技）、#19（科技）、#60（科技）、#61（软件）、#62（通信）、#63（通信）、#64（科技）、#114（农业）、#115（科技）、#117（科技高校）、#134（通信）、#135（科技）、#136（通信）、#137（通信）、#188（咨询）
2	#48（科技）、#49（设备）、#50（设备）、#51（环保）、#52（科技）、#53（科技）、#54（科技）、#55（设备）、#56（研究院）、#57（政府）、#58（技术）、#59（科技）
3	#37、#38、#39、#40、#41、#42、#43、#44、#45、#46、#47（制造）
4	#20（科技）、#21（食品）、#22（商业）、#23（制造）、#24（教育培训）、#25（科技）、#26（教育）
5	#33（贸易）、#34（制造）、#35（贸易）、#36（制造）
6	#30（在线教育）、#31（在线平台）、#32（在线平台）

注：数字为企业节点编号，括号内为企业所属的行业。

在以上划分的六个小微企业合作团体中，科技类企业子群团体 1 和 2 的规模较大，分别为 32 个和 11 个成员，其余合作团体的成员数目较少。小微企业合作网络子群识别的直观效果如图 4-2 所示。

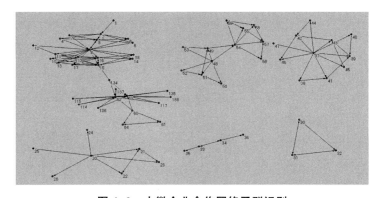

图 4-2 小微企业合作网络子群识别

第四节 小微企业成长性评价指标体系构建

小微企业的成长是从小到大。由弱转强的发展过程，企业的成长性即企业在一定时间段内变大变强的能力。本节基于企业生命周期理论、企业资源基础理论、成长环境的系统理论等构建小微企业成长性评价指标体系。单纯依靠财务成长的销售情况、利润率等指标衡量企业成长的指标体系难以全面反映影响企业成长的因素，相对地缺乏系统性和预见性，因此，仍需将反映企业未来发展潜力的因素，包括技术创新和人力资源因素纳入考量范围。

一、企业成长评价指标选择

已有文献，如 Semrau 和 Werner（2012）及 Watson（2007）以多个资源替代品变量来研究哪些变量是导致企业失败最重要的因素。本书所选择的指标变量在理论上具有一定的依据，反映了资源基础理论的观点，同时可以收集到足够的数据用来分析，在实践上具有可行性。本书所选择的指标变量如下：

（1）财务成长，包括销售量、利润率和创业几年利润翻两番三个可测量的指标变量。企业前期的销售和利润是一种推动企业前进的重要资源存储。企业利用所拥有的利润能够形成新的商业计划，可帮助企业应对商业环境中不确定的挑战。事实上，很多企业，特别是小微企业，很难获得信贷，因为债权人可能并不是很理解他们所追求的商业模式，这就导致这类企业将营业和销售作为公司最大的财务资源。研究者们注意到，刚成立不久的企业难以满足信誉评价的传统标准，这些企业的运行模式可能不被大家所了解，它们主要依赖于潜在的商业机会或者创新过程（Martin，2001；

Saenz et al.，2009）。因此，财务绩效是一种重要的资源存储，可帮助企业应对市场挑战，制订切实可行的商业计划。

（2）企业状态及潜力，包括成立年限、雇员人数、总资产额、所处行业四个可测量的指标变量。企业状态和潜力这个指标变量，在已有研究中通常被归纳为企业规模。已有研究将企业规模视为一种很好的资源替代品（Bonaccorsi，1992；Williams，2011；Watson，2007）。关于企业规模和企业财务成长两者之间的关系，学界也进行了广泛的研究（Calof，1994；Williams，2011），并有了一定的认知，企业拥有的员工数越多，其所拥有的资源越多，只有如此，才能形成规模经济，减少商业成本（Mittelstaedt et al.，2003）。先前针对小微企业的研究表明，企业成立年份、初创时的规模、雇员人数等与小微企业的成长息息相关。

规模为企业提供了一种在商业运行过程中造成成本的缓冲。已有研究基本上对企业规模和企业财务成长之间呈现正相关的关系达成了共识。企业规模越大，其所拥有的资源也就越多，企业在运行过程中产生的固定成本也就会更好地被消化掉。小企业不具有这种能力，因为消化掉固定成本会导致企业退出所在的产业（Hall and Tu，2004）。大量研究证实了企业规模和企业绩效之间存在正向关系，通过测量企业、利润、存货和国际化水平来衡量企业绩效（Burgel et al.，2002；Williams，2011）。Watson（2007）及 Calof（1994）的研究也表明：规模大的企业比小企业存活下去的可能性要更大。以资源基础理论为框架来分析企业成败问题，可以预见，大企业拥有更多的资源存储，这些资源能够帮助企业吸收掉固定成本，帮助企业度过艰难时期。

（3）创新绩效，包括专利数量、产品和服务被模仿程度、产品和服务质量三个显性指标变量。2007 年，国家提出要"加快转变经济发展方式"，并确定创新和科技进步为经济建设发展的主线，引导、推动经济发展由"要素驱动"转变为"创新驱动"。

创新与企业成长的关系受到了多学科学者的广泛关注。经济学领域学者认为，创新在企业中起着核心作用（Geroski P. A.，2005）。Paul 和

Steve（2010）对英国1972~1983年的539家企业进行研究发现，创新企业比非创新企业的盈利能力更强，成长速度更快。

一些学者研究了技术创新对企业成长的影响。如王玉春等（2008）对A股制造和信息技术业的上市公司进行研究发现，企业的研究和发展（R&D）与企业利润的增长率具有正相关关系，即企业创新投入水平越高，企业利润的增长就越快，成长效率就越高。

基于对已有研究的梳理，并结合小微企业的特点，本书提出了小微企业成长性评价指标体系。指标的名称和描述如表4-2所示。

表4-2　小微企业成长性评价指标体系

一级指标	二级指标	三级指标	指标描述
企业成长性	财务成长	销售量	反映公司的市场占有能力
		利润率	是公司利润总额与资产的比值，反映公司的盈利状况
		创业几年利润翻两番	反映企业在创业初期的盈利状况和企业初期的生命力
	创新绩效	专利数量	反映企业所具备的先进技术和开发新产品能力
		产品和服务被模仿程度	反映企业产品在市场中的竞争能力
		产品和服务质量	主要用来反映企业未来的拓展能力
	企业状态及潜力	成立年限	反映企业在其生命周期中所处的位置
		雇员人数	反映调查时间段小微企业的员工数
		总资产额	反映企业控制拥有的全部资产
		所处行业	反映企业所属行业的发展前景和整体生存状态

二、指标评价方法选择

本节第一部分基于科学性、系统性和综合性等原则，提出了小微企业成长评价指标体系，此处将介绍指标权重评价方法和成长性得分计算方法。处理的步骤具体如下：

（1）对各项基层指标数据的缺失值和异常值进行判断和处理。

（2）对数据进行归一化处理。采用以下数据归一化公式进行归一化处理，处理后的数据分布为［0，1］，实现对基层指标数据无量纲处理的效果。

平均数方差法，函数形式如下：

$$x_k = (x_k - x_{mean}) / x_{var} \tag{4-2}$$

其中，x_{mean} 为数据序列的均值；x_{var} 为数据序列的方差。

最大最小值法，函数形式如下：

$$x_k = (x_k - x_{min}) / (x_{max} - x_{mix}) \tag{4-3}$$

其中，x_{min} 为数据序列中的最小数；x_{max} 为数据序列中的最大数。

（3）确定权重系数。本研究采用将客观赋权法和主观赋权法相结合的方式确定各基层指标的权重系数。

（4）计算企业成长性综合得分。考虑到本研究采用的是主观赋值法和客观赋值法相结合的方式，所以采用加权平均法计算企业的成长性得分。计算公式如下：

$$E_k = \sum_{i=1}^{n} w_i \left(\sum_{j=1}^{n_i} p_{ij} l_{ijk} \right) \tag{4-4}$$

其中，E_k 表示第 k 个样本小微企业的成长性综合得分，w_i 表示第 i 项二级指标的权重，n 表示二级指标的总个数，p_{ij} 表示第 i 项二级指标下第 j 项三级指标的权重，n_i 表示二级指标 i 下三级指标的个数，l_{ijk} 表示第 k 个小微企业样本的第 i 项二级指标下第 j 项三级指标的实际值，三级指标总个数为 n_i（$i=1$，2，$\cdots$）。

第五节　模型构建与假设检验

一、模型构建

目前，社会网络对于企业成长发挥的作用得到了学术界的广泛认同，研究者认为社会资本或者其他嵌入在企业家个人网络中的资源对于小型企业的绩效是十分重要的（Bhagavatula S.，2010）。资源基础理论认为，企业运行需要一定的资源支持，关键的资源可能会跨越企业边界，企业之间这种特定的联结是关键资源流动的渠道。研究者将由企业之间纵横交错的联系所形成的不可模仿的资源定义为网络资源。从长期来看，决定企业竞争优势的不是那些有形的实物资产而是这些不可视的网络资源或无形资产（Crook T. R.，2011）。小微企业受其先天缺陷影响，在成长过程中具有高度不确定性和较低的资源获取回报可能性，因此必须通过建立社会性关系，通过网络关系获取所需资源，提高它们在公开市场或传统市场上进行交易的能力。也就是说，企业成长与社会网络的构建与演进紧密相关。

理论界在宏观和微观两个层面都认为社会网络对企业成长具有促进作用，但是，社会资本的获取需要投入一定的交往成本建立社会关系，这在一定程度上会抵消掉社会资本带来的好处。已有研究对网络结构和企业成长关系的讨论是比较含糊的，通过梳理相关文献，我们发现现有研究存在以下不足，并基于这些问题提出了相关假设：

1. 网络结构的稀疏紧密程度与小微企业成长之间的关系

这一部分的研究尚存在相互矛盾的结论。一种观点认为，处于结构洞网络中的企业能够获得更好的社会资本，提高企业竞争力（Burt，1992，2001；Shipilov，2009）。另一种观点认为，紧密的网络联系是传递和获得资本的积极社会条件，其好处在于可以减少机会主义产生的可能性，提高所获取信息和资源的质量。由于对网络结构的定义不同，研究设计及样本选择也有差异，所以研究并没有得到明确统一的结论。因此，什么样的网络结构对于企业成长具有促进作用仍是研究社会网络与小微企业成长关系的重点。基于以上分析，本节提出研究假设。

H1：网络密度对小微企业成长具有正向影响。

H2：关系强度对小微企业成长具有正向影响。

2. 企业属性与网络异质性对于企业成长的影响

企业属性的引入是为了区别不同企业在利用网络关系方面的差异。企业是具有能动性的主体，通过社会交往建立合作关系，处于不同的网络位置中。因此，除了要强调网络结构和关系特征对小微企业成长的影响，还要强调网络中企业作为行动者的主观性，因为即使在同一位置上，企业状况也是各不相同的。基于此，除了要深入考察企业所嵌入的社会网络的结构和位置对企业成长的影响，还要开展个体属性特征和网络异质性对企业成长影响的研究，否则无法理解企业网络行为的差异。网络异质性反映了合作网络中小微企业在社会特征方面的差异程度，而企业的发展需要整合多样化的创新资源及跨领域的合作主体。本研究对网络异质性的考量基于企业所属地及其与合作伙伴的关系类型，按照异质性指数（IQV）进行计算。基于以上分析，本节提出研究假设。

H3：企业积极建立网络关系对于小微企业成长具有正向影响。

H4：网络异质性对小微企业成长具有正向影响。

3. 网络中心性与小微企业成长之间的关系

企业在网络中处于不同的位置，获取到的外部资源也是不一样的。网络度中心性是指与小微企业直接交往的合作伙伴的数量，度中心性越大说明企业拥有的外部网络资源越丰裕，汇集了更多企业发展所需要的信息，进而可促进企业成长。中介中心性衡量企业处于网络中桥梁位置的程度。处于桥梁位置的企业具有更大的开放性，决定了桥梁两端主体之间进行跨界交流可以获取丰富的异质性资源和知识，从而可有效提升企业生存能力。接近中心性衡量小微企业处于合作网络中最核心网络位置的程度。占据核心位置意味着企业信息资源交流较多，企业具有明显的战略优势。基于以上分析，本节提出研究假设。

H5.1：度中心性与小微企业成长呈显著正相关关系。

H5.2：中介中心性与小微企业成长呈显著正相关关系。

H5.3：接近中心性与小微企业成长呈显著正相关关系。

根据上述关于网络结构、网络异质性、网络中心性和企业关系愿景与小微企业成长关系的假设，构建出本研究的理论模型，如图4-3所示。

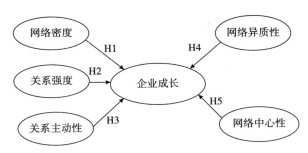

图4-3 网络特征与小微企业成长关系的理论模型

二、小微企业合作网络指标说明

企业资本包括经济资本、文化资本和社会资本。根据 Bourdieu 的观点，社会网络就是一种社会资本。因此，构建小微企业合作网络，必须要考虑成本的影响。网络中的成本意味着网络主体需要消耗一定的资源，建立与维持社会网络关系就需要进行成本和收益的权衡。边燕杰等也认为，社会网络结构存在一些基本规律，一方面建立维持某种关系会带来潜在的社会资源，另一方面建立维持这些关系又不可避免需要联结成本。处于中介位置的企业可以减少经营冗余关系花费的成本，并将更多时间和精力投入对重要网络关系的经营中。正是由于存在网络成本，才有了网络的演化。本节将对小微企业合作网络的指标进行说明，具体如表4-3所示。

表 4-3 小微企业合作网络指标

指标名称		指标描述	指标量化
合作网络	网络密度	反映：①合作网络对企业态度和行为的影响（网络密度越大，影响越大）；②企业与伙伴间信息、技术和资源的流动程度	网络密度是指网络中实际存在的边与可能边的比值 计算公式：$\Delta = \dfrac{2L}{g(g-1)}$
	关系强度	企业所有者可以从经销商或客户处获得比竞争对手更多的信息	反映企业获取可靠技术和市场信息的能力，较高的关系质量对于企业成功具有极大的支持作用
		总是能够争取到（中介机构、金融机构、科研机构等）支持	反映企业产品开发和市场拓展的强关系实现状况
		及时获取企业发展所需的财务和人力资源	反映企业应对外部市场经营环境的主观能动性和资源配置能力
	关系主动性	创业前三年每月用于应酬的交往时间占全部经营时间的百分比	反映企业在创业初期寻求伙伴关系方面的积极愿景，持续频繁的互动有助于降低商业活动的不确定性
		社会交往成本	反映企业建立和维持合作伙伴关系的成本投入（万/年）
	网络异质性	两方面的差异程度衡量 方面一：合作伙伴关系类型（1=供应商；2=客户；3=高校及科研院所；4=中介结构；5=政府） 方面二：所处区域（1=同县市区；2=同省；3=同一国；4=跨国）	反映企业与合作伙伴之间的差异化程度 $IQV = \dfrac{1 - \sum_{i=1}^{k} p_i^2}{1 - 1/k}$ 其中，k 代表类数，p_i 代表第 i 类占所有类别数量的比重。$IQV \in [0,1]$，0 代表完全同质，1 代表完全异质
	网络中心性	度中心性：反映节点在网络中的地位的高低或权力的大小	$C_D(n_i) = d(n_i) = \sum_j x_{ij}$
		中介中心性：反映为处于该位置的节点带来信息和其他资源的优势	$C_B(n_i) = \sum_{j<k} g_{jk}(n_i)/g_{jk}$
		接近中心性：描述的是某一个节点与其他节点的接近程度	$C_c(n_i) = \left[\sum_{j=1}^{g} d(n_i, n_j) \right]^{-1}$

三、假设检验

为避免同源偏差问题的出现，首先对所有问项做因子分析，经计算，未旋转时第一主成分占载荷量的 21.64%，说明同源偏差问题并不严重。各变量因子的载荷均大于 0.7，方差累计解释率为 76.4%。网络特征的中心度和密度采用社会网络分析方法进行计算，因此未对其进行信度检验。其他变量对应的 Cronbach's α 系数均超过 0.7，通过信度检验，可进一步进行网络结构对小微企业成长影响的实证研究。本书将企业成立年限、所处行业、企业员工数量及组织形式作为控制变量，从财务成长和创新绩效两方面对小微企业成长进行评测，分别考察增加网络特征后的模型对企业财务成长和创新的解释力是否有所提高，结果如表4-4所示。

表4-4　小微企业合作网络特征对企业成长的影响

变量		企业成长			
		财务成长		创新绩效	
		模型 1	模型 2	模型 3	模型 4
控制变量	成立年限	0.15	0.12	0.13	0.09
	所属行业	0.08	0.08	0.11	0.08
	组织形式	0.11	0.09	0.12	0.11
	雇员人数	0.10	0.09	0.15	0.13
自变量	网络密度	—	0.35**	—	0.43**
	关系强度	—	0.43**	—	0.51**
	关系主动性	—	0.38**	—	0.54**
	网络异质性	—	0.06	—	0.39**
	点度中心性	—	0.47**	—	0.31**
	中介中心性	—	0.39**	—	0.57**
	接近中心性	—	0.35**	—	0.46**

续表

变量		企业成长			
		财务成长		创新绩效	
		模型 1	模型 2	模型 3	模型 4
回归结果	总模型 F	—	43.86**	—	58.37**
	调整后的 R^2	0.11	0.57	0.14	0.65

注：** 表示 $P \leq 0.01$ 水平上显著，* 表示 $P \leq 0.05$ 水平上显著。

从表4-4可以看出，网络异质性与小微企业财务成长没有明显的相关关系，但是与创新绩效存在正相关关系，从资源多样性角度设定的企业成长的研究假设仅得到了部分验证。但网络密度、关系强度、关系主动性、点度中心性、中介中心性以及接近中心性对企业财务成长和创新绩效的分析假设均得到支持（H1、H2、H3、H5.1、H5.2、H5.3）。据此结果可以认为，紧密的网络结构、频繁的关系互动、企业积极建立合作关系的愿景、稳固的合作信任关系以及处于网络中介位置，可使小微企业具有较高的生长水平。本书研究假设及验证结果总结如表4-5所示。

表4-5 研究假设与验证结果总结

	研究假设	验证结果	
		财务成长	创新绩效
H1	网络密度对小微企业成长具有正向影响	支持	支持
H2	关系强度对小微企业成长具有正向影响	支持	支持
H3	企业积极建立网络关系对于小微企业成长具有正向影响	支持	支持
H4	网络异质性对小微企业成长具有正向影响	未得到验证	支持
H5.1	点度中心性对小微企业成长呈显著正相关关系	支持	支持
H5.2	中介中心性对小微企业成长呈显著正相关关系	支持	支持
H5.3	接近中心性对小微企业成长呈显著正相关关系	支持	支持

四、结果分析与启示

企业成长是一系列内外部因素共同作用的结果。与大中型企业相比，小微企业有着自身独有的特征，缺乏可用于抵押的资产，从银行获取正式贷款的信用成本也较高，而社会网络却为小微企业的成长提供了资金和资源上的可得性。在企业成长过程中，对关键网络特征的识别成为解释企业网络化行为的重要途径。社会网络分析技术对网络结构的测度，解决了以往定性研究的困扰。因此，基于社会网络分析技术，本章提出从微观"关系"层面、宏观"网络特征"、企业主体能动性三方面综合分析范式，在理论模型推导基础上，对财务成长和创新绩效指标体系进行构建，辅之以小微企业的调研数据加以检验，探讨了小微企业合作网络对企业财务成长和创新绩效的作用机理。本研究主要得到以下结论：

第一，本章从三个层次对小微企业合作网络进行研究：①企业自我中心网络；②企业所嵌入的整体合作网络；③网络中的核心分布和凝聚子群。网络研究的第一个重要任务就是解释网络的结构，对网络密度、凝聚性、节点之间的平均距离的探讨结果表明，小微企业合作网络的整体凝聚力较差，是一个稀疏网络。原因包括：①每个企业所拥有的资源数量是不同的，小微企业在自身资源有限的状况下，必然优先选择与具有资源优势的企业建立合作关系。这种偏好导致大部分小微企业只能建立较少的合作关系。②调查问卷中要求被访者对合作对象与合作对象之间是否存在伙伴关系做出判断和预测，这可能导致部分关系未能被纳入网络分析中。通过对凝聚子群的分析，发现小微企业合作网络有六个子群，其中科技类小微企业形成的子群规模最大且伙伴关系多样，传统制造业企业所形成的子群异质性较低，合作伙伴关系均为同行业企业。

第二，本研究发现，除网络异质性之外，网络密度、关系强度、关系主动性、度中心性、中介中心性、接近中心性六个指标对财务成长发挥显著正向影响，其中点度中心性对企业财务成长的影响最大。这一结论与传统结论过于关注关系中"质"的作用略有不同。度中心性是衡量企业活跃程度的指标，度中心性高说明企业建立的关系多。小微企业网络关系是其他企业难以模仿或复制的，且合作关系也无法通过市场交易进行转移。企业间建立合作关系的能力，不仅有利于小微企业捕捉市场机遇，而且有利于企业与外部环境建立长期的稳定合作关系，拓宽了企业获取资金及其他创新资源的渠道，进一步提高了企业财务绩效。研究结果表明，度中心性高说明企业主动建立、开发、控制利用合作网络关系获取资源的能力较强。企业通过充分调动内部资源，实现外部商业伙伴间的联结，充裕外部网络资源，可有效提高市场占有能力、利润率，并使自身在初创阶段具有较强的生命力。

第三，网络异质性的刻画基于合作伙伴关系类型和地域的差异，其对企业创新绩效的作用，充分反映了小微企业在生成过程中对资源和信息多样化的诉求。差异化的网络关系为企业提供了丰富的创新资源，激发了多样的知识技术和解决问题的能力。与之对应的结论是，中介中心性高的网络位置，为企业提供了知识资源平台，可显著提升小微企业创新能力。

具有不同网络结构特征和关系类型的企业，在成长过程中其财务成长和创新绩效呈现出不同的特点。该研究结论可指导小微企业在资源稀缺情况下优化网络。在企业成立初期，财务成长是企业追求的首要目标，其可围绕自身战略目标，通过发挥内部个人关系或加入中介机构等方式积极建立合作伙伴关系，形成外向型网络管理模式，无须过度追求多样化的关系类型，以避免有限资源的损耗导致竞争优势的丧失。随着小微企业能力的增强，创新是企业获得长远发展的动力所在，选择多样化异质性的合作伙伴，可以有效减少过滤同质信息所耗费的精力，丰富资源类型。小微企业在具备成熟复杂的关系网络后，应积极占据中介位置，获取缺失关系所带来的利益。总之，网络管理模式要随小微企业发展阶段和自身状态的变化不断改变，以有效提升小微企业的存活率。

第六节　本章小结

本章对企业与网络关系的研究进行了梳理，在此基础上运用社会网络分析与统计分析相结合的方法对收集的数据进行处理。

首先，运用 Pajek 软件对小微企业合作网络进行可视化分析，利用 Ucinet 软件对网络结构特征中的密度、中心度、核心度、异质性、凝聚力指数进行数据分析。其次，设定阈值，对整体网络内部的凝聚子群进行深度挖掘，对合作团体进行识别划分。研究发现，小微企业合作网络内部形成了六个具有内部凝聚力的子群，子群之间基本没有合作关系，说明小微企业合作关系是一种以技术交流、信息流通、共同合作为基础的互动关系，子群之间以及中心性较高的节点之间并没有形成高强度的合作关系。这一结果表明，小微企业与其他主体之间的合作大多发生在小范围内，群体之间几乎不存在合作关系，这种合作方式必然阻碍信息、技术、资金、资源的跨团体流动，增加企业经营风险。最后，借助文献分析和理论研究假设，明确了小微企业合作网络特征：网络密度、关系强度、关系主动性、网络中心性以及网络异质性，分析了这些变量与小微企业成长之间的关系。研究结果发现，网络密度、关系强度、关系主动性、中心度与企业的财务成长和创新绩效均呈正相关。网络异质性对财务成长的影响并不显著，但是对创新绩效具有正向影响。研究假设 H1、H2、H3、H5 通过，H4 部分通过。这说明，小微企业与合作对象互动频繁的网络结构可以形成信任关系与社会规范，从而避免了交易过程中产生的信息不对称问题，同时可建立有效的协作机制为小微企业成长提供良好的知识转移和情感交流的环境，有利于企业创新绩效的提升。结合该研究结论，笔者给出了小微企业进行动态网络管理的建议。

第五章

基于BP神经网络的小微企业成长预测研究

第一节　研究背景

目前，企业成败尤其是小微企业的成败引起了研究者们的广泛关注（Semrau and Werner，2012；Martin et al.，2013；Williams，2014）。仔细分析这些研究可以发现，它们分析数据的工具、方法一般都很严格且较固定，这很可能会产生错误的结果，与真正的结果相悖（Campbell et al.，2012）。

当前已有研究主要是基于严格的假设，通过样本的标准化，使用回归分析模型，预测企业的成败。这种非弹性的模型可能会导致研究者和政策制定者对决定企业成败的因素有一个错误的认识。为了克服这一问题，本章将使用神经网络模型这一更加具有鲁棒性、弹性化的分析工具预测小微企业的成长。运用这种定量的、弹性分析工具验证研究假设可以为企业成长问题增加一个新的研究视角，特别是针对小微企业的关注和研究。

事实上，现有研究成果表明，小微企业成长失败最主要的原因是缺乏资源（Cox，2014）。因此，本研究尝试回答：决定小微企业成长的重要因素是什么？如何对小微企业成长进行预测？

第二节　神经网络模型构建

　　神经网络（Neural Networks）分为两类：一类是生物神经网络，另一类是人工神经网络（Artificial Neural Networks，ANNs）。工程与学术界的神经网络指的是人工神经网络，它是一种模仿大脑神经突触连接的结构，进行分布式并行信息处理的算法数学模型。当前，人工神经网络发展十分迅速，涉及 10 多个领域和学科，如计算机、生物、数学、心理学和认知科学等。神经网络的发展可以追溯到 1890 年，James W. 在其出版的《生理学》中首次介绍了人脑结构功能及联想记忆的规则。经过 100 多年的发展，现在人工神经网络模型已经超过一百种，其中最具代表性的人工社交网络模型包括自组织神经网络、Hopfield 神经网络、随机神经网络和多层前反馈神经网络。本研究采用的 BP（Back-Propagation）神经网络模型就是多层前反馈神经网络的一种。

一、BP 神经网络算法

　　BP 神经网络是一种多层前反馈神经网络，该网络的主要特点是：信号前向传递，误差反向传播。在前向传递中，输入信号从输入层经隐含层逐层处理，直至输出层，每一层的神经元状态只影响下一层的神经元状态。如果输出层得不到期望输出，则转入反向传播，根据预测误差调整网络权值和阈值，从而使 BP 神经网络预测输出不断逼近期望输出。BP 神经网络的拓扑结构如图 5-1 所示。

　　图 5-1 中，X_1，X_2，$\cdots$，X_n 是 BP 神经网络的输入值，Y_1，Y_2，$\cdots$，Y_m 是 BP 神经网络的预测值，ω_{ij} 和 ω_{jk} 为 BP 神经网络权值。从图 5-1 可以看出，BP 神经网络可以看成是一个非线性函数，网络输入值和预测值

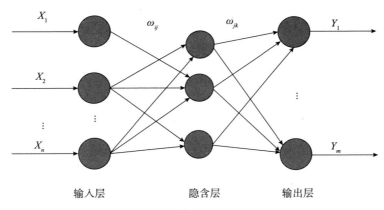

图 5-1 BP 神经网络的拓扑结构

分别为该函数的自变量和因变量。当输入节点数为 n、输出节点数为 m 时，BP 神经网络就表达了从 n 个自变量到 m 个因变量的函数映射关系。

预测开始之前要训练网络，通过训练使网络具有联想记忆和预测能力。BP 神经网络的训练过程包括以下几个步骤。

步骤一：网络初始化。根据系统输入输出序列 (X, Y) 确定网络输入层节点数 n，隐含层节点数 l，输出层节点数 m，初始化输入层、隐含层和输出层神经元之间的连接权值 ω_{ij}、ω_{jk}，初始化隐含层阈值 a，输出层阈值 b，给定学习速率和神经元激励函数。隐含层节点数的确定一般参照以下经验公式：

$$l = \sqrt{n+m} + a \tag{5-1}$$

步骤二：隐含层输出计算。根据输入变量 X，输入层和隐含层间连接权值 ω_{ij} 以及隐含层阈值 a，计算隐含层输出 H。

$$H_j = f\left(\sum_{i=1}^{n} \omega_{ij} x_i - a_j\right) \quad (j = 1, 2, \cdots, l) \tag{5-2}$$

式（5-2）中，l 为隐含层节点数；f 为隐含层激励函数，该函数有多种表达形式，本章选取的函数为：

$$f(x) = \frac{1}{1+e^{-x}} \tag{5-3}$$

步骤三：输出层输出计算。根据隐含层输出 H，连接权值 ω_{jk} 和阈值 b，计算 BP 神经网络预测输出 O。

$$O = \sum_{j=1}^{l} H_j \omega_{jk} - b_k (k = 1, 2, \cdots, m) \qquad (5\text{-}4)$$

步骤四：误差计算。根据网络预测输出 O 和期望输出 Y，计算网络预测误差 e。

$$e_k = Y_k - O_k \quad (k = 1, 2, \cdots, m) \qquad (5\text{-}5)$$

步骤五：权值更新。根据网络预测误差 e，更新网络连接权值 ω_{ij}、ω_{jk}。

$$\omega_{ij} = \omega_{ij} + \eta H_j (1 - H_j) x(i) \sum_{k=1}^{m} \omega_{jk} e_k (i = 1, 2, \cdots, n; j = 1, 2, \cdots, l)$$
$$(5\text{-}6)$$

$$\omega_{jk} = \omega_{jk} + \eta H_j e_k \quad (j = 1, 2, \cdots, l; k = 1, 2, \cdots, m) \qquad (5\text{-}7)$$

式（5-7）中，η 为学习速率。

步骤六：阈值更新。根据网络预测误差 e，更新网络节点阈值 a、b。

$$a_j = a_j + \eta H_j (1 - H_j) \sum_{k=1}^{m} \omega_{jk} e_k \quad (j = 1, 2, \cdots, l) \qquad (5\text{-}8)$$

$$b_k = b_k + e_k \quad (k = 1, 2, \cdots, m) \qquad (5\text{-}9)$$

步骤七：判断算法迭代是否结束，若没有结束，返回步骤二。

BP 神经网络算法的流程如图 5-2 所示。

二、BP 神经网络 MATLAB 工具箱

MATLAB 软件中包含了 MATLAB 神经网络工具箱。它以人工神经网络理论为基础，用 MATLAB 语言构造出了该理论所涉及的运算公式、操作矩阵和求解方程等大部分程序。MATLAB 构造的算法可用于神经网络的设计和训练，用户根据需要调用相关的子程序，即可以完成包括网络结构设计、权值初始化、网络训练及结果输出等在内的一系列工作，免除编写复杂庞大程序的困扰。目前，MATLAB 神经网络工具箱包括的网络有感知

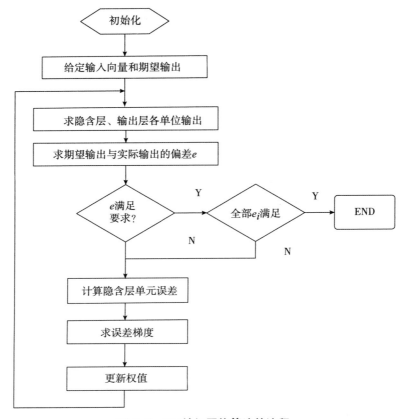

图 5-2 **BP 神经网络算法的流程**

器、线性网络、BP 神经网络、径向基网络、自组织网络和回归网络等。BP 神经网络主要用到 newff、sim 和 train 三个神经网络函数。

1. newff：BP 神经网络参数设置函数

函数功能：构建一个 BP 神经网络。

函数形式：net = nweff（P，T，S，TF，BTF，BLF，PF，IPF，OPF，DDF）。

其中，P 为输入数据矩阵；T 为输出数据矩阵；S 为隐含层节点数；TF 为节点传递函数，包括硬限幅传递函数 hardlim、对称硬限幅传递函数 hardlims、线性传递函数 purelin、正切 S 形传递函数 tansig、对数 S 形传递函数 logsig；BTF 为训练函数，包括动量反传的梯度下降 BP 算法训练函数 traingdm、梯度下降 BP 算法训练函数 traingd、动态自适应学习率和动量反传的梯度下降 BP 算法训练函数 traingdx、Levenberg_ Marquardt；BLF 为网络学习函数，包括 BP 学习规则 Learngd、带动量项的 BP 学习规则 learngdm；PF 为性能分析函数，包括均值绝对误差性能分析函数 mae、均方差性能分析函数 mse；IPF 为输入处理函数；OPF 为输出处理函数；DDF 为验证数据划分函数。

应用中，前面六个参数一般需要设置，后面四个参数采用系统默认参数。

2. train：BP 神经网络训练函数

函数功能：用训练数据训练 BP 神经网络。

函数形式：[net，tr]＝train（NET，X，T，Pi，Ai）。

其中，NET 为待训练网络；X 为输入数据矩阵；T 为输出数据矩阵；Pi 为初始化输入层条件；Ai 为初始化输出层条件；net 为训练好的网络；tr 为训练过程记录。

应用中，前面三个参数一般需要设置，后面两个参数采用系统默认参数。

3. sim：BP 神经网络预测函数

函数功能：用训练好的 BP 神经网络预测函数输出。

函数形式：y＝sim（net，x）。

其中，net 为训练好的网络；x 为输入数据；y 为网络预测数据。

三、BP 神经网络建模

构建基于 BP 神经网络的小微企业成长预测模型包括 BP 神经网络构建、BP 神经网络训练和 BP 神经网络分类三步，如图 5-3 所示。

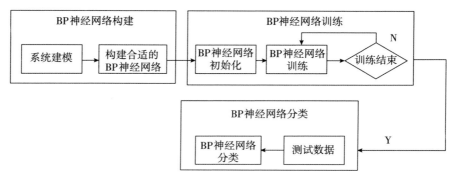

图 5-3　BP 神经网络建模流程

第三节　数据来源与分析

　　本章数据来源于对北京邮电大学经济管理学院 MBA 学员的调查。本章在第四章数据的基础上，通过问卷（见附录一）进一步采集企业信息。本轮数据采集共计获得 95 个企业数据，其中包括 70 个小微企业、20 个中型企业和 5 个大型企业。因本研究的对象是小微企业，因此本章仅选取 70 个小微企业的数据进行分析和预测。对小微企业的样本数据进行统计描述，图 5-4 给出了小微企业成立的时间分布，其中每根柱状图表示在该年份成立的小微企业数量。从本书采集的小微企业的数据来看，小微企业成立较多的是 2003 年、2006 年、2007 年，以及 2009~2011 年。

　　表 5-1 给出了小微企业样本的行业分布情况，主要集中在科技服务业、互联网企业和商贸流通三大行业，占有效样本总量的 81.43%。其中，分布在科技服务业的企业数量最多，有 36 家，超过有效样本总量的一半。分布在传统制造业和数字内容制造业的企业数量较少，分别为 4 家和 2 家，所占比重分别为 5.71% 和 2.86%。

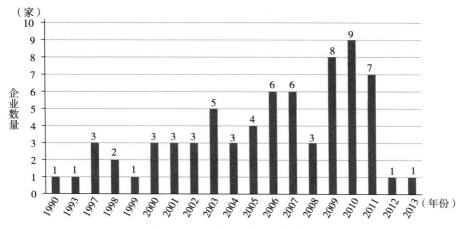

图 5-4　小微企业成立时间分布

表 5-1　样本的行业分布特征

所属行业	数量（家）	百分比（%）	百分比累计（%）
科技服务业	36	51.43	51.43
数字内容制造业	2	2.86	54.29
传统制造业	4	5.71	60.00
商贸流通	8	11.43	71.43
互联网企业	13	18.57	90.00
其他	7	10.00	100.00

　　依据第四章提出的小微企业成长性评价指标体系，计算小微企业成长性综合得分，结果如表 5-2 所示。表 5-2 的统计结果显示，样本成长性得分的平均值为 39.53，表明样本企业的成长状况一般。同时，样本成长性得分的最小值和最大值相差将近 50 分，这表明样本企业之间的成长性存在显著差异。导致样本企业成长性总体评价得分较低的主要原因是企业状态及潜力指标的得分相对较低。虽然企业状态及潜力指标在整个成长性评价体系中的得分较低，但其在体系中的重要程度和占比较高。

表 5-2   样本各指标得分的描述性统计结果

指标	财务成长	创新绩效	企业状态及潜力	企业成长性
均值	38.81	53.33	29.73	39.53
标准差	12.19	15.21	19.14	8.21
最大值	50.00	77.78	92.00	70.13
最小值	16.67	22.22	4.00	22.00
偏度	-0.61	-0.41	0.94	0.69
峰度	-0.91	-0.58	0.59	1.57

此外，样本成长性得分的偏度为 0.69>0，正偏离（见图 5-5），也称右偏态，此时数据位于均值左边的要比右边的多（如图 5-5 所示，其中每根柱状图表示成长性得分在该区间的小微企业数量，曲线为小微企业成长性得分分布的拟合）。这表明，成长性得分低于平均水平的公司占有相对较高的比重。

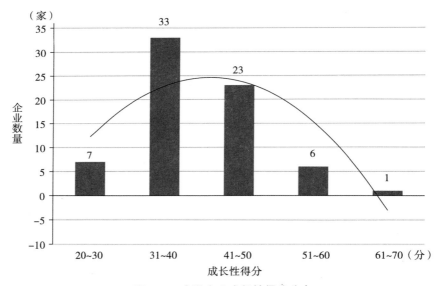

图 5-5   小微企业成长性得分分布

总体而言，小微企业的成长性得分普遍较低，表明企业仍有很大的上升空间。小微企业应抓住有利机会，构建企业核心竞争力。

第四节　算法实现与预测分析

一、数据归一化及 MATLAB 实现

数据归一化是神经网络预测前处理数据常用的一种方法。数据归一化处理是把所有数据都转化为 [0, 1] 的数据，其目的是消除各维度数据间的数量级差别，避免因为输入输出数据的数量级差别较大而使网络预测误差较大。数据归一化的方法主要有以下两种。

平均数方差法，函数形式如下：

$$x_k = (x_k - x_{mean}) / x_{var} \tag{5-10}$$

其中，x_{mean} 为数据序列的均值；x_{var} 为数据序列的方差。

最大最小值法，函数形式如下：

$$x_k = (x_k - x_{min}) / (x_{max} - x_{min}) \tag{5-11}$$

其中，x_{min} 为数据序列中的最小数；x_{max} 为数据序列中的最大数。

MATLAB 采用自带函数 mapminmax 进行数据归一化，该函数有多种形式，常用的方法如下：

[inputn, inputps] = mapminmax(input_train);

[outputn, outputps] = mapminmax(output_train)。

其中，input_train，output_train 分别是训练输入、输出的原始数据；inputn、outputn 是归一化后的数据，inputps、outputps 为数据归一化后得到的结构体，里面包含了最大值、最小值和平均值等信息，可用于测试数据归一化和反归一化。

测试数据归一化和反归一化程序如下：

inputn_test = mapminmax("apply", input_test, inputps);

BPoutput＝mapminmax（"reverse"，an，outputps）。

其中，input_test 是预测输入数据；inputn_test 是归一化后的数据；"apply" 表示根据 inputps 的值对 input_test 进行归一化。an 是网络预测结果；outputps 是训练输出数据归一化得到的结构体；是反归一化之后的网络预测输出；"reverse" 表示对数据进行反归一化。数据归一化和反归一化的流程如图 5-6 所示。

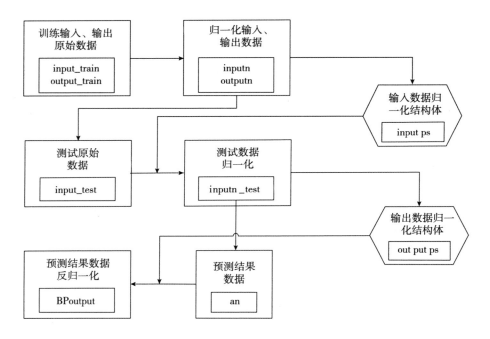

图 5-6 数据归一化、反归一化流程

二、BP 神经网络预测及 MATLAB 实现

根据本章数据，确定输入变量 $m=10$，输出变量 $n=1$。隐含层节点数 $l=\sqrt{n+m}+a$，其中 a 依据周开利等（2005）的说明取 0 到 10 之间的常数。因此，隐含层节点数的取值范围为 $3<l<13$。因此，初步选取 $l=5$，确定 BP

神经网络结构为 10-5-1，随机化初始 BP 神经网络的权值和阈值。

本章将获得的 70 组小微企业数据存储在 data. mat 文件中（详细数据见附录三），input 是输入数据，output 是输出数据。从输入输出数据中随机选择 60 组作为网络训练数据，10 组作为网络测试数据，并对训练数据进行归一化处理。

1. 数据选择 MATLAB 程序实现

%清空环境变量

clc

clear

%下载输入输出数据

load data input output

%随机选择 60 组训练数据和 10 组测试数据

k = rand(1,70);

[m,n] = sort(k);

input_train = input(n(1:60),:)';

output_train = output(n(1:60),:)';

input_test = input(n(61:70),:)';

output_test = output(n(61:70),:)';

%训练数据归一化

[inputn,inputps] = mapminmax(input_train);

[output,outputps] = mapminmax(output_train)。

2. BP 神经网络训练 MATLAB 程序实现

用训练数据训练 BP 神经网络，使网络对测试数据输出具有预测能力。

%BP 神经网络构建

net = newff(inputn,output,5)　　%5 为隐含层节点数

%网络参数配置（迭代次数，学习率，目标）

net. trainParam. epochs = 100;

net. trainParam. lr = 0. 1;

net. trainParam. goal = 1；

%BP 神经网络训练

net = train(net, inputn, outputn)。

3. BP 神经网络预测 MATLAB 程序实现

用训练好的 BP 神经网络预测数据输出结果，并计算 BP 神经网络预测输出和期望输出的误差，分析 BP 神经网络的预测能力。

%预测数据归一化

inputn_test = mapminmax("apply", input_test, inputps)；

%BP 神经网络预测输出

an = sim(net. inputn_test)；

%输出结果反归一化

BPoutput = mapminmax("reverse", an, outputps)；

%网络预测结果图形

plot(BPoutput, "-o")；

hold on

plot(output_test, "- *")；

legend("预测输出", "实际结果")

title("BP 网络预测输出", "fontsize", 12)

ylabel("输出", "fontsize", 12)

xlabel("样本", "fontsize", 12)

%网络预测误差图形

error = BPoutput-output_test；

plot(error, "-^")；

title("BP 网络预测误差", "fontsize", 12)

ylabel("误差", "fontsize", 12)

xlabel("样本", "fontsize", 12)

三、结果分析与讨论

本章引入 BP 神经网络建立小微企业成长性预测模型，随机选择 60 家小微企业作为训练样本，以其他的 10 家企业作为测试样本。通过上述计算程序，经过 100 次迭代，得到表 5-3 所示的结果。表 5-3 结果显示，训练好的 BP 神经网络模型得到的 10 个样本企业的成长性得分与实际结果具有较高的一致性，误差率在 2% 以下。

表 5-3　预测结果与实际结果比较

样本	实际结果	预测输出	预测误差	误差率（%）
1	52.27	52.44	0.1723	0.33
2	50.80	50.92	0.1178	0.23
3	47.93	47.79	-0.1397	0.29
4	36.47	36.78	0.3136	0.86
5	43.00	43.13	0.1305	0.30
6	51.13	51.05	-0.0817	0.16
7	41.07	41.08	0.0132	0.03
8	41.20	41.55	0.3489	0.85
9	48.93	48.08	-0.8500	1.74
10	41.40	41.70	0.2963	0.72

图 5-7 是 BP 神经网络预测结果与实际结果对比图，由此可以看出本书训练的 BP 神经网络模型具有较高的拟合能力，但由图 5-8 可知，某些样本点的预测误差较大，如样本 9。

BP 神经网络的隐含层节点数对 BP 神经网络的预测精度有较大影响。隐含层节点数太少，网络不能很好地学习，需要增加训练次数，训练的精度也受影响；节点数太多，训练时间又会增加，网络容易拟合过度。选择最佳的隐含层节点数可参考如下公式：

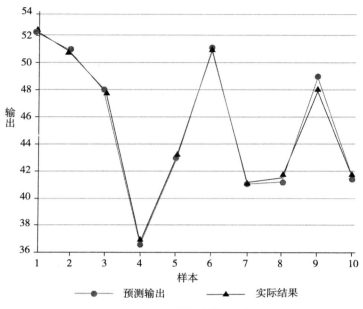

图 5-7 BP 神经网络预测

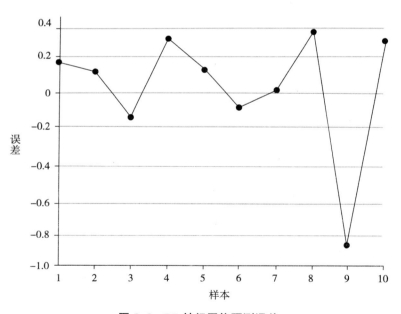

图 5-8 BP 神经网络预测误差

$$\begin{cases} l < n-1 \\ l = \sqrt{m+n} + a \\ l = \log_2 n \end{cases} \qquad (5-12)$$

其中，m 为输入层节点数；l 为隐含层节点数；n 为输出层节点数；a 为 0~10 的常数。在解决实际问题的过程中，通常根据公式（5-12）确定隐含层节点数的大概范围，然后用尝试的方法，确定最优的隐含层节点数。对于本章数据，预测误差的绝对平均值与隐含层节点数的关系如图 5-9 所示。

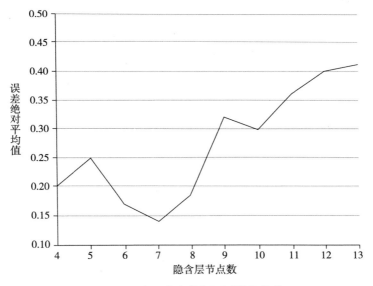

图 5-9　隐含层节点数与预测效果的关系

由图 5-9 可以发现，最优隐含层节点数为 7，此时预测误差的绝对值为 0.14，BP 神经网络预测误差的绝对平均值随着隐含层节点数的增加呈现先减小后增大的态势。

第五节 本章小结

本章运用基于财务成长、创新绩效和企业状态及潜力三个维度构建的小微企业成长性评价指标体系，采用神经网络方法，对小微企业的成长性进行了预测，得到的研究结论和启示如下：

从小微企业样本数据的统计分析结果来看，我国小微企业的成长性得分普遍偏低，平均得分为 39.53。同时，小微企业之间的成长性差异较大，成长性得分的标准差为 8.21。我国小微企业的发展还处在一个相对较低的水平，仍有很高的成长性提升空间。

BP 神经网络模型预测小微企业成长性的结果显示，神经网络是预测小微企业成长性的一个有效的方法，能提供基本和准确的预测，有利于小微企业在发展过程中，制定合理的目标、做出有效的战略规划。

我国小微企业的行业分布广泛，在提升市场活力和带动就业等方面贡献突出。但受国内外不确定且复杂多变的经济运行环境的影响，小微企业面临人才短缺、融资困难、利润薄等挑战。小微企业如何抓住有利机会，构建企业核心竞争力呢？从分析结果发现，影响小微企业成长性的关键性因素是企业状态及潜力。因此，我国政府有必要采取一系列措施，如建立国家统一征信平台，解决小微企业融资难等问题改善企业状态；企业自身也需形成良好的企业文化，进行全员管理，构建企业的核心竞争力，挖掘发展潜力，从内部和外部两方面提升小微企业的成长性。

第六章

结论与展望

　　小微企业作为企业生态群落的基础和国民经济的支柱，其成长状况影响着整个中国经济的发展。在经济下行压力明显的背景下，鼓励大众创业、促进小微企业成长将带动中国新一轮经济"破茧成蝶"。近年来，学术界对小微企业的关注度显著上升，研究者们从管理学、金融学、系统科学等不同角度对其展开研究并取得了一定理论成果。本书在前人研究的基础上，对小微企业从理论、实证、仿真三方面进行分析，并为小微企业提供决策参考以应对环境的挑战。

　　第一，挖掘和获取数据，对信息可视化结构进行转换与显示，并把非空间抽象信息映射为有效的可视化交互与分析形式。对数据进行文献共引分析和聚类分析，绘制小微企业研究前沿的知识图谱，总结小微企业研究领域的重要文献与核心作者，展现知识结构关系与演进规律。

　　研究结果表明：①小微企业问题研究机构与作者均存在较少的合作现象，且成果数量和研究人员数量近年来不存在明显增长现象，这说明小微企业问题研究进入了瓶颈阶段，需要对已有成果进行梳理，寻找新的研究方向和突破口。②共引分析能够定量解释科学的结构、亲缘关系、演化规律，明晰知识结构。引用分析可以缕清知识发展脉络。对共被引网络的分析表明，小微企业研究的参考文献节点并非存在于一个完备的网络之中，而是存在离群孤立节点，这说明对小微企业的研究存在多个主题，其中存在较大的主题群，说明该群具有共同的知识基础。③学科研究的前沿表现为涌现的施引文献群组，由形成文献共被引矩阵中的文献及施引文献使用的突显词或突显词的聚类来体现。通过构建关键词共现网络发现，小微企业研究围绕"融资"和"税收"两大主题展开，同时存在互联网金融、网络等分支。④对关键词聚类时序进行分析的结果表明，最大聚类为创新网络和社会网络、金融机构、动态博弈、生命周期理论。其中，创新网络、社会网络聚类等网络研究成为近期研究的热点。

第二，企业的生成绝非是隔绝于世的，而是嵌在关系网络的社会活动中。在小微企业网络中，节点之间的关系并非简单随意形成的，而是受网络利益驱使形成的。关系的建立与维系需要企业付出大量的时间与精力，形成能识别机会和获取资源的高质量社会网络对于小微企业来说尤为重要，这依赖于关系的质量、方式及企业的网络特征。

首先，根据实证数据，构建小微企业合作网络，并对网络结构特征进行可视化分析。结果表明，小微企业合作网络是一个稀疏网络，整个网络的凝聚力较差。对网络进行细致核心分布分析发现，小微企业合作网络节点的中心测度排名并不一致，说明这些度值较高的节点的核心能力并不均衡，网络中没有非常明显的核心节点。基于凝聚子群算法的设定，划分出六个子群，发现子群之间不存在合作关系，这必然会阻碍信息、资源在网络中的扩散，造成企业生存危机，对比企业所属行业类型发现，相比较传统制造业，科技类企业子群的规模最大且合作伙伴关系多样，便于创新资源获取。

其次，根据文献梳理，本研究构建小微企业成长性评价指标，提出网络密度、关系强度、关系主动性、网络异质性、中心性与企业成长之间存在正向作用的研究假设。实证研究的结果表明，网络异质性与企业财务成长之间不存在关系，其他网络变量对企业成长均具有正向作用。据此，笔者给出小微企业网络关系动态管理建议。小微企业在成立初期要形成外向型的关系管理模式，积极与其他组织建立合作关系，随着企业发展，要努力占据网络中的有利位置，比如结构洞、中介位置，从而获取多样的创新资源并提升对关系把控的能力。

最后，运用基于财务成长、创新绩效和企业状态及潜力三个维度构建的小微企业成长性评价指标体系，采用神经网络算法，对小微企业的成长性进行了预测。从小微企业样本数据的统计分析结果来看，我国小微企业的成长性得分普遍偏低，平均得分为 39.53。同时，小微企业之间的成长性差异较大，成长性得分的标准差为 8.21。我国小微企业的发展还处在一个相对较低的水平，仍有很大的成长性提升空间。BP 神经网络模型预测小微企业成长性的结果显示，神经网络是预测小微企业成长性的一种有效方法，能提供基本和准确的预测，有利于小微企业在发展过程中，制定合理的目标、做出有效的战略规划。

总之，对网络的结构特征和内在嵌入机理进行考察，成为认识社会网络的重要途径。网络理论在社会科学领域的应用以及社会网络分析技术和可视化研究的发展与实现，较好地解释了企业发展过程中信息资源的流动、合作关系的建立与破裂所呈现出的网络关系，明确了企业合作网络中的关键主体，反映了企业在所嵌入网络中的位置以及网络特征对企业成长的影响，有利于小微企业信息资源共享机制的建立，可更好地分析企业之间的合作。

本书选取的企业多位于北京以及长三角、西南和华南部分城市的企业，但数量不多。为保证研究结果具有代表性，需要扩大样本数据范围。

目前，将中国小微企业整体作为分析对象的研究仍比较少，存在较大的挖掘空间。此外，对小微企业问题的研究依托于目前所处信息爆炸和企业网络化行为的时代背景。科学研究方法从寻找实验验证假设探索因果关系逐步发展为从海量数据中能够发现何种相关性。而视觉直观的呈现能够更好地揭示数据中隐藏的信息。未来研究数据选择可以加入美国科学情报研究所（ISI）的 Web of Science，对其中的 SCI、SSCI、A&HCI 数据库进行数据可视化分析，对比国内外对小微企业问题研究的前沿热点，分析造成差异的原因及可借鉴的研究内容和方法。

　　小微企业的发展与成长需要外部环境的支持，但需要注意的是，过度嵌入网络或建立过多关系对于小微企业的发展也是不利的。因为关系的建立与维持需要企业付出一定的成本予以支持，小微企业在自身所能开发资源匮乏的情况下，需要提高企业对优质网络资源的判别能力，避免认知上的偏差，适度嵌入在与其他主体的合作网络中，从中获取优质资源，降低社会交往成本对小微企业生存成长的压力。因此，后续研究会进一步考察合作交往成本对于小微企业在创业和发展阶段的影响，更好地反映企业之间的合作发展状态和关系演变。

附录一

调查问卷

　　企业所有者对企业资源和企业发展机会的获取都依赖其社会关系，关系网络的有效构建、发展成为决定企业成功与否的重要因素。本研究立足中国企业生成与发展的实践，通过对企业社会网络结构的把握，建立企业网络系统，为企业成长提供有效的支撑平台。研究成果可增强企业的竞争力，提升企业合作网络的稳定性、高效性，为相关研究提供有效的理论与方法支持。本问卷仅用于企业成长研究课题组进行学术研究，不会泄露任何企业机密或隐私信息。

第一部分　背景信息

　　1. 贵企业的企业名称为＿＿＿＿＿＿，成立于＿＿＿＿＿＿年。
　　2. 贵企业的规模为：
　　　　（1）大企业
　　　　（2）中型企业
　　　　（3）小微企业

3. 就主营业务所在的行业而言，企业所属：

（1）科技服务业

（2）数字内容制造

（3）传统制造业

（4）商贸流通

（5）互联网企业

（6）其他_____

4. 您目前的年龄大致是：

（1）25 岁及以下

（2）26～35 岁

（3）36～45 岁

（4）46～55 岁

（5）56 岁及以上

5. 您创业时的年龄大致是：

（1）25 岁及以下

（2）26～35 岁

（3）36～45 岁

（4）46～55 岁

（5）56 岁及以上

6. 您创业前所从事的职业：

（1）国家干部

（2）企业管理者

（3）一般职员

（4）企业技术人员

（5）军人

（6）教师

（7）医生

（8）工人

　　（9）农民

　　（10）自由职业者

　　（11）学生

　　（12）其他_____

7. 您的最高学历为：

　　（1）大专及以下

　　（2）本科

　　（3）研究生

第二部分　企业资源获取和外部联系

　　请根据贵企业的相关情况，对下列问项进行评分，1~7 表示完全不符合到完全符合。

一、企业资源获取问项

①资源获取	完全不符合→完全符合						
企业总是能争取到政府部门的支持	1	2	3	4	5	6	7
企业总是能从行业协会等中介机构获得支持	1	2	3	4	5	6	7
企业可以通过与科研机构的合作获得资源支持	1	2	3	4	5	6	7
企业可以从银行、担保公司等机构获得金融支持	1	2	3	4	5	6	7
企业所有者可以帮助企业获得金融或财务支持	1	2	3	4	5	6	7
企业所有者可以及时获得企业发展急需的人才	1	2	3	4	5	6	7
企业所有者能及时获得企业所需的物质资源（包括设备、原材料等）	1	2	3	4	5	6	7
企业所有者提供相关服务信息如技术和咨询	1	2	3	4	5	6	7
企业所有者对本行业发展有着明晰的定位	1	2	3	4	5	6	7
企业所有者可以从经销商或客户处获取比竞争对手更多的信息	1	2	3	4	5	6	7

②状况	极低→一般→极好						
与同行业同等规模企业相比，企业销售额	1	2	3	4	5	6	7
与同行业同等规模企业相比，企业利润率	1	2	3	4	5	6	7
企业能够不断改进管理模式，提升效率	1	2	3	4	5	6	7
企业能够不断提升产品和服务的质量	1	2	3	4	5	6	7

二、企业社会关系问项

1. 区域内贵企业的多种社会联系的重要性排序（填写序号即可）：

（1）与设备或原材料供应商之间的联系

（2）与客户之间的联系

（3）与政府部门之间的联系

（4）与行业协会之间的联系

（5）与科研机构之间的联系

（6）与银行或金融机构之间的联系

2. 请填写与贵企业相关联的本区域其他企业的名称，并在（ ）中填写与之社会关系类型，如知识技术共享关系、产品服务供或销关系等，关系可以是多重的，比如两者既可以是技术共享企业又可以是有联系的供应上游企业：

（1）_____（   ）

（2）_____（   ）

（3）_____（   ）

（4）_____（   ）

（5）_____（   ）

（6）_____（   ）

（7）_____（   ）

（8）_____（   ）

（9）＿＿＿＿＿＿＿＿＿＿＿＿＿＿＿＿＿＿＿＿＿＿ （　　　　）

（10）＿＿＿＿＿＿＿＿＿＿＿＿＿＿＿＿＿＿＿＿＿ （　　　　）

3. 如果您认为所填写的企业之间有联系，请在下面矩阵中相应的位置打钩。

	企业 1	企业 2	企业 3	企业 4	企业 5	企业 6	企业 7	企业 8	企业 9	企业 10
企业 1										
企业 2										
企业 3										
企业 4										
企业 5										
企业 6										
企业 7										
企业 8										
企业 9										
企业 10										

4. 请对上述企业与贵企业之间关系的稳定性，由强到弱进行排序（填写序号）：＿＿＿＿＿＿＿＿＿＿＿＿＿＿＿＿＿＿＿＿＿

5. 请对上述企业与贵企业之间关系的强度，由强到弱进行排序（填写序号）：＿＿＿＿＿＿＿＿＿＿＿＿＿＿＿＿＿＿＿＿＿

第三部分　企业状况

1. 贵企业的组织形式是：

（1）独资企业

（2）合伙企业

（3）有限责任公司

（4）股份制公司

（5）个体创业

（6）其他

2. 贵企业目前处于企业成长的哪个阶段：

（1）创业阶段

（2）成长阶段

（3）成熟阶段

3. 贵企业的资金来源：

A. 贵企业创业之初的资金主要来源于：

（1）个人存款

（2）亲朋借款

（3）与他人合伙

（4）向银行贷款

（5）民间高额借款

（6）其他

B. 贵企业发展过程中的资金主要来源于：

（1）个人存款

（2）亲朋借款

（3）与他人合伙

（4）向银行贷款

（5）民间高额借款

（6）其他

4. 贵企业的销售量是：

（1）预期销售量不足

（2）预期销售量充足

（3）预期销售量可能超过企业为实现其经营目标所必需的销售量

5. 贵企业通过哪些联系拓展产品销售渠道：

（1）个人社会关系

（2）园区提供信息帮助

（3）行业协会提供信息帮助

（4）中介服务机构

（5）广告

（6）其他

6. 贵企业的信息获取途径有：

（1）政府部门

（2）销售人员

（3）新闻媒介

（4）咨询机构

（5）私人社交网络

（6）市场调查

（7）行业协会

（8）其他

7. 贵企业的雇员_____人，其中专科本科_____人，研究生以上学历_____人；专业技术人员_____人，管理人员_____人，营销人员_____人。

8. 贵企业的产品或服务被其他企业模仿的程度是：

（1）可以完全被模仿

（2）仅能部分被模仿

（3）完全不能仿造

9. 贵企业的专业知识表现是：

（1）没有或拥有很少的经验和专业知识

（2）有一些经验和独特的知识

（3）非常熟悉所从事的行业

10. 贵企业的专利数量为_____项/年。

11. 您认为，与贵企业规模相当的其他企业在所处行业中投入的社会交际成本，大约占企业纯利润的_____%。

12. 请您回忆一下，在您创业的头三年，平均每个月用于与政府各部门和社会各界应酬、交往的时间约占全部经营时间的百分比为_____%；现在所占的百分比为_____%。

13. 贵企业创业头三年的营业总收入：

_____万元

_____万元

_____万元

14. 贵企业创业头三年的净利润：

_____万元

_____万元

_____万元

15. 2012 年贵企业的税费总额为_____万元。

其中，税_____万元，费_____万元。

16. 请您估计一下，使企业保持原有规模、持续经营的最低盈利水平是：

年净利润应达到_____万元，总资产额应达到_____万元。

17. 请您估计一下，初创企业_____年才能够进一步发展（资产、利润、人员其中两项翻番）。其中：每年的最低盈利水平是：年净利润应达到_____万元，总资产额应达到_____万元。

18. 贵企业初创时的正常年营业成本和费用（包括材料费、人工费、水电费等）_____万元/年，其中：社会负担支出（人情费、交际费、摊派费、赞助费等）大约_____万元/年。

小微企业基本信息

企业名称	成立时间	成立年限	企业规模	所处行业	创业者年龄
人＊信息	2007 年	6	小微企业	科技服务业	26~35
北京众城＊科技有限公司	2005 年	8	小微企业	科技服务业	36~45
深蓝＊科技有限公司	2006 年	7	小微企业	互联网企业	36~45
暴＊科技有限公司	2010 年	3	小微企业	互联网企业	26~35
爱农＊网络科技有限公司	2009 年	4	小微企业	互联网企业	36~45
北京东都＊设施有限公司	1997 年	16	小微企业	传统制造业	26~35
北京中视＊传播有限公司	2001 年	12	小微企业	其他——翻译行业	36~45
北京普方＊咨询有限公司	2000 年	13	小微企业	科技服务业	36~45
北京网＊咨询公司	2011 年	2	小微企业	科技服务业	26~35
北京恒泰＊科技有限公司	2010 年	3	小微企业	科技服务业	36~45
北京东方＊科技有限公司	2002 年	11	小微企业	互联网企业	36~45
北京万＊科技有限责任公司	2007 年	6	小微企业	科技服务业	36~45
北京诚＊创业科技有限公司	2001 年	12	小微企业	科技服务业	36~45
上海视＊投资管理咨询中心	2010 年	3	小微企业	科技服务业	26~35
北京博睿＊信息咨询有限责任公司	2009 年	4	小微企业	科技服务业	46~55
北京艾＊服装服饰公司	2010 年	3	小微企业	其他——服装设计	26~35
北京华夏＊科技有限公司	2008 年	5	小微企业	科技服务业	26~35
卓＊（北京）技术有限公司	2003 年	10	小微企业	科技服务业	46~55

企业名称	成立时间	成立年限	企业规模	所处行业	创业者年龄
＊诺商贸有限公司	2007 年	6	小微企业	商贸流通	36~45
＊＊淘宝网店	2010 年	3	小微企业	商贸流通	26~35
北京＊慧咨询公司	2011 年	2	小微企业	科技服务业	26~35
北京华慧＊网络有限公司	2006 年	7	小微企业	科技服务业	36~45
北京＊水处理有限公司	2001 年	12	小微企业	传统制造业	36~45
北京禹＊技术有限公司	2007 年	6	小微企业	商贸流通	36~45
艾＊咨询集团	2002 年	11	小微企业	科技服务业	26~35
北京好＊网络科技有限公司	1998 年	15	小微企业	科技服务业	26~35
北京金＊咨询服务有限公司	2002 年	11	小微企业	科技服务业	36~45
北京鱼＊数字技术有限公司	2008 年	5	小微企业	科技服务业	36~45
北京创意＊科技有限公司	2005 年	8	小微企业	科技服务业	36~45
北京银海＊科技有限公司	2011 年	2	小微企业	科技服务业	26~35
中＊通信	2000 年	13	小微企业	科技服务业	36~45
北京永＊科技有限公司	2003 年	10	小微企业	商贸流通	36~45
北京俊杰＊商贸有限公司	2000 年	13	小微企业	商贸流通	36~45
微＊电子科技有限公司	2009 年	4	小微企业	其他——电子科技	36~45
朝＊电子科技有限公司	2008 年	5	小微企业	其他——电子科技	36~45
北京单＊服务有限公司	2004 年	9	小微企业	科技服务业	36~45
北京群＊软件公司	2006 年	7	小微企业	互联网企业	36~45
成都林＊科技有限公司	2010 年	3	小微企业	科技服务业	36~45
四川通＊服务有限公司	2011 年	2	小微企业	科技服务业	46~55
网＊科技有限公司	2004 年	9	小微企业	互联网企业	36~45
北京亿通＊科技有限公司	2006 年	7	小微企业	科技服务业	36~45
北京正群＊信息技术有限公司	1999 年	14	小微企业	科技服务业	36~45
上海欣＊智能系统有限公司	1998 年	15	小微企业	互联网企业	36~45
北京睿元＊通讯技术有限公司	2010 年	3	小微企业	互联网企业	36~45
济南长＊科技有限公司	1997 年	16	小微企业	科技服务业	36~45
北京伟创＊科技有限公司	2011 年	2	小微企业	其他	26~35

续表

企业名称	成立时间	成立年限	企业规模	所处行业	创业者年龄
杭州八＊贸易有限公司	2010 年	3	小微企业	商贸流通	26~35
北京智鼎＊设计有限公司	2009 年	4	小微企业	科技服务业	36~45
北京格致＊科技有限公司	2005 年	8	小微企业	互联网企业	36~45
哗＊商户中心	2009 年	4	小微企业	互联网企业	36~45
Epc＊厦门公司	2012 年	1	小微企业	互联网企业	26~35
北京光芒＊技术有限公司	2010 年	3	小微企业	互联网企业	36~45
北京跃＊信息技术有限公司	2009 年	4	小微企业	科技服务业	26~35
北京五彩＊信息技术公司	2007 年	6	小微企业	科技服务业	46~55
北京中＊创科技有限公司	2009 年	4	小微企业	其他——饲料添加剂销售代理	36~45
上海巴＊机电有限公司	2003 年	10	小微企业	商贸流通	26~35
北京中润＊工程咨询有限公司	2006 年	7	小微企业	科技服务业	36~45
宣化恒大广告发展服务部	1997 年	16	小微企业	数字内容制造	26~35
同＊建材厂	2011 年	2	小微企业	传统制造业	46~55
北京联＊信息系统有限公司	1993 年	20	小微企业	科技服务业	26~35
北京德＊商贸有限公司	2013 年	0	小微企业	科技服务业	36~45
北京超舒＊家居销售有限公司	2004 年	9	小微企业	商贸流通	36~45
北京德信＊科技发展有限公司	2006 年	7	小微企业	互联网企业	26~35
贵州华＊建筑劳务有限公司	2007 年	6	小微企业	其他——建筑劳务分包	36~45
贵州华＊创新科技有限公司	2005 年	8	小微企业	传统制造企业	26~35
北京达＊腾科技有限公司	2003 年	10	小微企业	科技服务业	46~55
辰＊科技发展（北京）有限公司	2011 年	2	小微企业	科技服务业	36~45
中鑫＊软件开发有限公司	2009 年	4	小微企业	科技服务业	36~45
东方＊顿	2003 年	10	小微企业	数字内容制造	36~45
＊彦软件有限公司	1990 年	23	小微企业	科技服务业	36~45

注：按照被访企业意愿，隐藏企业名称的部分字段。

小微企业成长性得分

企业名称变量	财务绩效	创新绩效	企业状态及潜力	成长性
人＊信息	50.00	66.67	24.00	44.60
北京众城＊科技有限公司	33.33	66.67	32.00	42.80
深蓝＊科技有限公司	50.00	44.44	28.00	39.53
暴＊科技有限公司	50.00	44.44	12.00	33.13
爱农＊网络科技有限公司	33.33	22.22	16.00	23.07
北京东都＊设施有限公司	33.33	55.56	64.00	52.27
北京中视＊传播有限公司	33.33	22.22	48.00	35.87
北京普方＊咨询有限公司	33.33	66.67	52.00	50.80
北京网＊咨询公司	50.00	55.56	8.00	34.87
北京恒泰＊科技有限公司	50.00	55.56	12.00	36.47
北京东方＊科技有限公司	50.00	55.56	44.00	49.27
北京万＊科技有限责任公司	16.67	55.56	24.00	31.27
北京诚＊创业科技有限公司	33.33	77.78	48.00	52.53
上海视＊投资管理咨询中心	33.33	66.67	12.00	34.80
北京博睿＊信息咨询有限责任公司	50.00	33.33	16.00	31.40
北京艾＊服装服饰公司	33.33	66.67	12.00	34.80
北京华夏＊科技有限公司	50.00	22.22	20.00	29.67

企业名称变量	财务绩效	创新绩效	企业状态及潜力	成长性
卓＊（北京）技术有限公司	50.00	22.22	40.00	37.67
＊诺商贸有限公司	50.00	77.78	24.00	47.93
＊＊淘宝网店	50.00	55.56	12.00	36.47
北京＊慧咨询公司	50.00	55.56	8.00	34.87
北京华慧＊网络有限公司	33.33	66.67	28.00	41.20
北京＊水处理有限公司	33.33	55.56	48.00	45.87
北京禹＊技术有限公司	33.33	55.56	24.00	36.27
艾＊咨询集团	16.67	44.44	44.00	35.93
北京好＊网络科技有限公司	16.67	44.44	60.00	42.33
北京金＊咨询服务有限公司	33.33	55.56	44.00	44.27
北京鱼＊数字技术有限公司	50.00	66.67	20.00	43.00
北京创意＊科技有限公司	50.00	77.78	32.00	51.13
北京银海＊科技有限公司	50.00	66.67	8.00	38.20
中＊通信	33.33	33.33	52.00	40.80
北京永＊科技有限公司	16.67	44.44	40.00	34.33
北京俊杰＊商贸有限公司	50.00	33.33	52.00	45.80
微＊电子科技有限公司	50.00	33.33	16.00	31.40
朝＊电子科技有限公司	50.00	33.33	20.00	33.00
北京单＊服务有限公司	33.33	55.56	36.00	41.07
北京群＊软件公司	33.33	66.67	28.00	41.20
成都林＊科技有限公司	33.33	55.56	12.00	31.47
四川通＊服务有限公司	33.33	55.56	8.00	29.87
网＊科技有限公司	16.67	66.67	36.00	39.40
北京亿通＊科技有限公司	50.00	44.44	28.00	39.53
北京正群＊信息技术有限公司	50.00	55.56	56.00	54.07
上海欣＊智能系统有限公司	50.00	33.33	60.00	49.00
北京睿元＊通讯技术有限公司	50.00	33.33	12.00	29.80

企业名称变量	财务绩效	创新绩效	企业状态及潜力	成长性
济南长＊科技有限公司	33.33	44.44	64.00	48.93
北京伟创＊科技有限公司	50.00	44.44	8.00	31.53
杭州八＊贸易有限公司	50.00	44.44	12.00	33.13
北京智鼎＊设计有限公司	16.67	55.56	16.00	28.07
北京格致＊科技有限公司	50.00	66.67	32.00	47.80
哗＊商户中心	50.00	66.67	16.00	41.40
Epc＊厦门公司	33.33	44.44	4.00	24.93
北京光芒＊技术有限公司	33.33	66.67	12.00	34.80
北京跃＊信息技术有限公司	50.00	55.56	16.00	38.07
北京五彩＊信息技术公司	50.00	55.56	24.00	41.27
北京中＊创科技有限公司	33.33	66.67	16.00	36.40
上海巴＊机电有限公司	16.67	55.56	40.00	37.67
北京中润＊工程咨询有限公司	16.67	55.56	28.00	32.87
宣化恒大广告发展服务部	33.33	55.56	64.00	52.27
同＊建材厂	50.00	77.78	8.00	41.53
北京联＊信息系统有限公司	16.67	44.44	80.00	50.33
北京德＊商贸有限公司	33.33	33.33	5.00	22.00
北京超舒＊家居销售有限公司	33.33	77.78	36.00	47.73
北京德信＊科技发展有限公司	16.67	66.67	28.00	36.20
贵州华＊建筑劳务有限公司	50.00	33.33	24.00	34.60
贵州华＊创新科技有限公司	50.00	66.67	32.00	47.80
北京达＊腾科技有限公司	50.00	22.22	40.00	37.67
辰＊科技发展（北京）有限公司	50.00	66.67	8.00	38.20
中鑫＊软件开发有限公司	50.00	66.67	16.00	41.40
东方＊顿	16.67	55.56	40.00	37.67
＊彦软件有限公司	33.33	77.78	92.00	70.13
均值	38.81	53.33	29.73	39.53

续表

企业名称变量	财务绩效	创新绩效	企业状态及潜力	成长性
标准差	12.19	15.21	19.14	8.21
最大值	50.00	77.78	92.00	70.13
最小值	16.67	22.22	4.00	22.00
偏度	-0.61	-0.41	0.94	0.69
峰度	-0.91	-0.58	0.59	1.57

注：按照被访企业意愿，隐藏企业名称的部分字段。

参考文献

[1] Albert R. , Barabási A. L. Emerging of scaling in random networks [J]. Science, 1999 (286): 509-512.

[2] Amit R. , Schoemaker P. J. H. Strategic assets and organizational rent [J]. Strategic Management Journal, 1993, 14 (1): 33-46.

[3] Aramburu N. , Rivera O. , Sáenz J. Knowledge sharing and innovation performance: A comparison between high-tech and low-tech companies [J]. Journal of Intellectual Capital, 2009, 10 (1): 22-36.

[4] Axelrod R. , Dion D. The further evolution of cooperation [J]. Science, 1988, 242 (4884): 1385-1390.

[5] Barney J. Firm resources and sustained competitive advantage [J]. Journal of Management, 1991, 17 (1): 99-120.

[6] Batjargal B. The effects of network's structural holes: Polycentric institutions, product portfolio, and new venture growth in China and Russia [J]. Strategic Entrepreneurship Journal, 2012, 4 (2): 146-163.

[7] Baum H. , Schütze J. A model of collaborative enterprise networks [J]. Procedia CIRP, 2012 (3): 549-554.

[8] Baum J. A. C, Cowan R. , Jonard N. Does evidence of network effects on firm performance in pooled cross-section support prescriptions for network strategy? [J]. Strategic Management Journal, 2014, 35 (5): 652-667.

[9] Bengtsson M. , Kock S. "Coopetition" in business Networks-to coop-

erate and compete simultaneously ［J］. Industrial marketing management, 2000, 29 (5): 411-426.

［10］ Bertrand M. , Kramarz F. , Schoar A. Politically connected CEOs and corporate outcomes: Evidence from France ［Z］. CEPR Working Paper, 2004.

［11］ Bhagavatula S. , Elfring T. , Tilburg A. V. , et al. How social and human capital influence opportunity recognition and resource mobilization in India's handloom industry ［J］. Journal of Business Venturing, 2010, 25 (3): 245- 260.

［12］ Billings S. A. , Wei H. L. A new class of wavelet network for nonlinear system identification ［J］. IEEE Transactions on Neural Networks, 2005, 16 (4): 862-874.

［13］ Bonaccorsi A. On the relationship between firm size and export intensity ［J］. Journal of International Business Studies, 1992, 23 (4): 605-635.

［14］ Bourdieu P. Le capital social: Notes provisoires ［J］. Actes De La Recherche En Sciences Sociales, 1980 (3): 3-6.

［15］ Burt R. S. Structural holes ［M］. Cambridge: Harvard University Press, 1992.

［16］ Calof J. L. The relationship between firm size and export behavior revisited ［J］. Journal of International Business Studies, 1994, 25 (2): 367-387.

［17］ Campbell N. D. , K. C. Heriot, A. Jauregui and D. T. Mitchell. Which state policies lead to US firm exits? Analysis with the economic freedom index ［J］. Journal of Small Business Management, 2012, 50 (1): 87-104.

［18］ Card S. K. , Mackinlay J. D. , Shneiderman B. Readings in information visualization: Using vision to think ［M］. San Francisco: Morgan Kaufmann, 1999.

［19］ Chak, Rabarty K. C. Microenterprise development: Path to creating MNCs of tomorrow ［M］. India: Reserve Bank of India, 2011.

［20］ Chow W. S. , Chan L. S. Social network, social trust and shared goals in organizational knowledge sharing ［J］. Information & Management,

2008, 45 (7): 458-465.

[21] Cox, Kevin C. Fundamental entrepreneurial planning processes: Resource assessment and opportunity evaluation [J]. International Journal of Entrepreneurship and Innovation, 2014, 15 (2): 79-88.

[22] Crook T. R. , Todd S. Y. , Combs J. G. , et al. Does human capital matter? A meta-analysis of the relationship between human capital and firm performance. [J]. Journal of Applied Psychology, 2011, 96 (3): 443-456.

[23] Danilovic M. , Winroth M. Corporate manufacturing network: From hierarchy to self-organizing system [J]. International Journal of Integrated Supply Management, 2006, 2 (1-2): 106-131.

[24] David G. Rand, Martin A. Nowak. Human cooperation [J]. Trends in Cognitive Sciences, 2013, 17 (8): 413-415.

[25] De Mel S. , McKenzie D. , Woodruff C. Business training and female enterprise start-up, growth, and dynamics: Experimental evidence from Sri Lanka [J]. Journal of Development Economics, 2014 (106): 199-210.

[26] Dupas P. , Robinson J. Savings constraints and microenterprise development: Evidence from a field experiment in Kenya [J]. American Economic Journal: Applied Economics, 2013, 5 (1): 163-192.

[27] Dyer J. H. , Kale P. and Singh H. How to make strategic alliances work [J]. Harvard Business Review, 2001 (7): 37-43.

[28] D'Aveni R. A. , Kesner I. F. Top managerial prestige, power and tender offer response: A study of elite social networks and target firm cooperation during takeovers [J]. Organization Science, 1993, 4 (2): 123-151.

[29] Elg U. Market orientation as Inter-firm cooperation: An international study of the grocery sector [J]. European Management Journal, 2007, 25 (4): 283-297.

[30] Geroski P. A. Understanding the implications of empirical work on corporate growth rates [J]. Managerial & Decision Economics, 2005, 26 (2):

129-138.

[31] Gnyawali D. R. , He J. , Madhavan R. Impact of co-opetition on firm competitive behavior: An empirical examination [J]. Journal of Management, 2006, 32 (4): 507-530.

[32] Gnyawali D. R. , Park B. J. Co-opetition and technological innovation in small and medium - sized enterprises: A multilevel conceptual model [J]. Journal of Small Business Management, 2009, 47 (3): 308-330.

[33] Granovetter M. S. The strength of weak ties [J]. American Journal of Sociology, 1973, 78 (6): 347-367.

[34] Granovetter M. S. Economic action and social structure: The problem of embeddednes [J]. American Journal of Sociology, 1985, 91 (3): 481-510.

[35] Grant R. G. The resource-based theory of competitive advantage: Implication for strategy formulation [J]. California Management Review, 1991, 33 (3): 114-135.

[36] Gu Dongbing, Hu Huosheng. Wavelet neural network based predictive control for mobile robots [Z]. IEEE International Conference on Systems, Man, and Cybernetics, 2000 (5): 3544-3549.

[37] Gulati R. Alliances and networks [J]. Strategic Management Journal, 1998, 19 (4): 293-317.

[38] Gönül Dogan, Marcel van Assen, Jan Potters. The effect of link costs on simple buyer - seller networks [J]. Games and Economic Behavior, 2013 (77): 229-246.

[39] Hagedoorn J. , Roijakkers N. , Kranenburg H. Inter-firm R&D networks: The importance of strategic network capabilities for high-tech partnership formation [J]. British Journal of Management, 2006, 17 (1): 39-53.

[40] Hannan M. T. , Freeman J. The population ecology of organizations [J]. American Journal of Sociology, 1977, 82 (5): 929-964.

[41] Haugh H. Social enterprise: Beyond economic outcomes and individ-

ual returns ［A］. Johanna Mair, Jeffrey Robinson, Kai Hockerts. Social Entrepreneurship ［C］. Berlin: Springer, 2006.

［42］ Hong X., Harris C. J. Nonlinear model structure design and construction using orthogonal least squares and D－optimality design ［J］. IEEE Transactions on Neural Networks, 2002, 13 (5): 1245-1250.

［43］ Johannissson B. Personal networks in emerging knowledge－based firms: Spatial and functional patterns ［J］. Entrepreneurship & Regional Development, 1998, 10 (4): 297-312.

［44］ Jose M. Cruz, Zugang Liu. Modeling and analysis of the multiperiod effects of social relationship on supply chain networks ［J］. European Journal of Operational Reaearch, 2011 (214): 39-52.

［45］ Kara S., Kemaloglu S. Detection of femoral artery occlusion from spectral density of doppler signals using the artificial neural network ［J］. Expert Systems with Applications, 2005, 29 (4): 945-952.

［46］ Karpak B., Topcu I. Small medium manufacturing enterprises in Turkey: An analytic network process framework for prioritizing factors affecting success ［J］. Production Economics, 2010 (12): 60-70.

［47］ Khoja F. The triad: Organizational cultural values, practices and strong social intra－firm networks ［J］. Journal of Business Strategies, 2010, 27 (2): 205.

［48］ Khwaja A. I., Mian A. Do lenders favor politically connected firms? Rent provision in an emerging financial market ［J］. Quarterly Journal of Economics, 2005, 120 (4): 1371-1411.

［49］ Lechner C., Dowling M. Firm networks: External relationships as sources for the growth and competitiveness of Entrepreneurial firm ［J］. Entrepreneur－ship and Regional Development, 2003 (15): 1-26.

［50］ Levin D. Z., Cross R. The strength of weak ties you can trust: The mediating role of trust in effective knowledge transfer ［J］. Management Science,

2004, 50 (11): 1477-1490.

[51] LI Yong, Fang Jin-qing, LIU Qiang. Exploring characteristics of the enterprise cooperation network from the view of network science [J]. Complex Systems and Complexity Science, 2009 (1): 8.

[52] Liao Xiaoling, Xu Wenfeng, Gao Zhiqiang. Application of artificial neural network to forecast the tensile fatigue life of carbon material [J]. Key Engineering Materials, 2008 (1): 385-387, 533-536.

[53] Liu Dehai, Huang Jing, Li Hongyi, Wang Weiguo. Types of stable network structures based on exhaustive search [J]. Social Networks, 2013 (35): 124-129.

[54] Liu Lilan, Sun Xue Hua, Shu Zhi Song, Tian Shuai, Yu Tao. A production-collaboration model for manufacturing grid [Z]. International Conference on Life System Modeling and Simulation, 2010 (6328): 166-175.

[55] Liu Yinbin, Geng Mengyi. Study method of enterprise micro-blogging followers' community based on social network analysis-take spring airlines as example [Z]. Business Computing and Global Informatization BCGIN. IEEE, 2012 (10): 739-742.

[56] Mackinlay J. D. Opportunities for information visualization [J]. IEEE Computer Graphics & Applications, 2000, 20 (1): 22-23.

[57] Mahmoud Taghizadeh, SubirBiswas. Impacts of user-selfishness on cooperative content caching in social wireless networks [J]. Ad Hoc Networks, 2013 (11): 2423-2439.

[58] Martin B. C., J. J. McNally, M. Kay. Examining the formation of human capital in entre-preneurship: A meta-analysis of entrepreneurship education outcomes [J]. Journal of Business Venturing, 2013, 28 (2): 211-244.

[59] Martin T. A. The IPO of young, high growth SMEs on neuer market [J]. Small Business Eco-nomics, 2001, 16 (4): 319-327.

[60] Masurel E., Montfort K. V. Life cycle characteristics of small profes-

sional service firms ［J］. Journal of Small Business Management, 2006, 44 (3): 461-473.

［61］ Maurer I. , Ebers M. Dynamics of social capital and their performance implications: Evidence from biotechnology start-ups ［J］. Administrative Science Quarterly, 2006, 51 (2): 262-292.

［62］ Mbamalu G. , El-Hawary M. E. Decomposition approach to forecasting electric power system commercial load using an artificial neural network ［J］. IEEE International Conference on Neural Networks-Conference Proceedings, 1994 (7): 4730-4735.

［63］ Milgram S. The small world problem ［J］. Psychology Today, 1967, 2 (1): 185-195.

［64］ Mittelstaedt J. D. , G. N. Harben and W. A. Ward. How small is too small? Firm size as a barrier to exporting from the United States ［J］. Journal of Small Business Management, 2003, 41 (1): 68-84.

［65］ Mohajerani A. , Baptista J. , Nandhakumar J. Exploring the role of social media in importing logics across social contexts: The case of IT SMEs in Iran ［J］. Technological Forecasting and Social Change, 2015 (95): 16-31.

［66］ Morris S. S. , Woodworth W. P. , Hiatt S. R. The value of networks in enterprise development: Case studies in Eastern Europe and Southeast Asia ［J］. Journal of Developmental Entrepreneurship, 2006, 11 (4): 345-356.

［67］ Nemati E. , Nemati A. Oxygen diffusion mechanism in MgO-C composites: An artificial neural network approach ［J］. Modelling& Simulation in Materials Science & Engineering, 2012, 20 (20): 15016-15027.

［68］ Nichter S. , Goldmark L. Small firm growth in developing countries ［J］. World Development, 2009, 37 (9): 1453-1464.

［69］ Patel P. C. , Terjesen S. Complementary effects of network range and tie strength in enhancing transnational venture performance ［J］. Strategic Entrepreneurship Journal, 2011, 5 (1): 58-80.

[70] Paul G. , Steve M. Do Innovating firms outperform non-innovators? [J]. Business Strategy Review, 2010, 3 (2): 79-90.

[71] Peng W. , Xu Z. Complex network of university-enterprise scientific research cooperation and its analysis [J]. Information Studies: Theory & Application, 2010 (6): 24.

[72] Peredo A. M. , Chrisman J. J. Toward a theory of community-based enterprise [J]. Academy of Management Review, 2006, 31 (2): 309-328.

[73] Phelps C. C. A longitudinal study of the influence of alliance network structure and composition on firm exploratory innovation [J]. Academy of Management Journal, 2010, 53 (4): 890-913.

[74] Potts J. , Cunningham S. , Hartley J. , et al. Social network markets: A new definition of the creative industries [J]. Journal of Cultural Economics, 2008, 32 (3): 167-185.

[75] Quintana-Garcia C. , Benavides-Velasco C. A. Cooperation, competition, and innovative capability: A panel data of European dedicated biotechnology firms [J]. Technovation, 2004, 24 (12): 927-938.

[76] Rahbauer S. , Menapace L. , Menrad K. , et al. Adoption of green electricity by German small and medium-sized enterprises (SMEs) a qualitative analysis [J]. Journal of Cleaner Production, 2016 (129): 102-112.

[77] Rhodes J. , Lok P. , Cheng V. A framework for successful network alliances for SMEs in China [J]. International Journal of Strategic Business Alliances, 2014, 3 (2-3): 201-220.

[78] Ritala P. , Hurmelinna-Laukkanen P. What's in it for me? Creating and appropriating value in innovation-related coopetition [J]. Technovation, 2009, 29 (12): 819-828.

[79] Rosenfeld S. A. Does cooperation enhance competitiveness? Assessing the impacts of inter-firm collaboration [J]. Research policy, 1996, 25 (2): 247-263.

［80］Semrau, T., A. Werner. The two sides of the story – network invest-ments and new venture creation ［J］. Journal of Small Business Management, 2012, 50 (1): 159–180.

［81］Servon L. J. Credit and social capital: The community development potential of US microenterprise programs ［J］. Housing Policy Debate, 1998, 9 (1): 115–149.

［82］Shachar J., Zuscovitch E. Learning patterns within a technological network ［A］. Ben Dankbaar, John Groenewegen. Hans Schenk Perspectives in Industrial Organization ［C］. Berlin: Springer Netherlands, 1990.

［83］Shin J., Mendoza X., Hawkins M. A., et al. The relationship be-tween multinationality and performance: Knowledge – intensive vs. capital – inten-sive service micro – multinational enterprises ［J］. International Business Review, 2017, 26 (5): 867–880.

［84］Stam W., Arzlanian S., Elfring T. Social capital of entrepreneurs and small firm performance: A meta – analysis of contextual and methodological moderators ［J］. Social Science Electronic Publishing, 2014, 29 (1): 152–173.

［85］Stephens D. W., Krebs J. R. Models of food – finding ［J］. Science, 1987, 238 (4828): 831–833.

［86］Stuart T. E., Sorensen O. Strategic networks and entrepreneurial ventures ［J］. Strategic Entrepreneurship Journal, 2007, 1 (3–4): 211–227.

［87］Tamas David – Barrett, R. I. M. Dunbar. Cooperation, behavioral syn-chrony and status in social networks ［J］. Journal of Theoretical Biology, 2012 (308): 88–95.

［88］Tata J., Prasad S. Social capital, collaborative exchange and micro-enterprise performance: The role of gender ［J］. International Journal of Entrepre-neurship and Small Business, 2008, 5 (3–4): 373–388.

［89］Ter Wal A. L. J, Boschma R. A. Applying social network analysis in economic geography: Framing some key analytic issues ［J］. The Annals of Regional Science, 2009, 43 (3): 739-756.

[90] Watson J. Modeling the relationship between networking and firm performance [J]. Journal of Business Venturing, 2007, 22 (6): 852-874.

[91] Watts D. J., Strogatz S. H. Collective dynamics of "small-world" networks [J]. Nature, 1998, 393 (6684): 440.

[92] Weijland H. Microenterprise clusters in rural Indonesia: Industrial seedbed and policy target [J]. World Development, 1999, 27 (9): 1515-1530.

[93] Wellman, Barry. Social structures [M]. Cambridge: Cambridge University Press, 1988.

[94] Welter F., Kautonen T. Trust, social networks and enterprise development: Exploring evidence from East and West Germany [J]. International Entrepreneurship and Management Journal, 2005, 1 (3): 367-379.

[95] Wernerfelt, B. A resource-based view of the firm [J]. Strategic Management Journal, 1984, 5 (2): 171-180.

[96] White H. C. Production markets as induced role structures [J]. Sociological Methodology, 1981 (12): 1-57.

[97] Williams Colin C., Shahid M. S., Martínez A. Determinants of the level of informality of informal micro-enterprises: Some evidence from the city of Lahore, Pakistan [J]. World Development, 2016 (84): 312-325.

[98] Williams, D. A. Impact of firm size and age on the export behaviour of small, locally-owned firms: Fresh insights [J]. Journal of International Entrepreneurship., 2011, 9 (2): 152-174.

[99] Woolcock M. Microenterprise and social capital: A framework for theory, research, and policy [J]. The Journal of Socio-Economics, 2001, 30 (2): 193-198.

[100] Wu Y. S., Zhao M. S., Ding X. Q. A new perceptron model with tunable activationfunction [J]. Chinese Journal of Electronics, 1996, 5 (2): 55-62.

［101］ Wu, L. Y. Applicability of the reosurces base and dynamic capability views under environmetal volatility ［J］. Journal of Business Research, 2010, 63 (1): 27-31.

［102］ Xu Fengju, Yu Yongbo, Peng Huatao. Notice of retraction research on contents, process and tactics of enterprise social networks evolution ［Z］. Computer and Communication Technologies in Agriculture Engineering (CCTAE). IEEE, 2010 (1): 234-237.

［103］ Yang Yimin, Li Ying, Zhang Yun. The orthogonal basis NN based prediction modeling for river water quality ［Z］. American Control Conference, 2001 (1): 1611-1615.

［104］ Yong F., Chow T. W. S. Orthogonal wavelet neural networks applying to identification of Wiener model ［J］. IEEE Transactions on Circuits and Systems I Fundamental Theory and Applications, 2000, 47 (4): 591-593.

［105］ Zaheer A., Bell G. G. Benefiting from network position: Firm capabilities, structural holes, and performance ［J］. Strategic Management Journal, 2005, 26 (9): 809-825.

［106］ Zeng S. X., Xie X. M., Tam C. M. Relationship between cooperation networks and innovation performance of SMEs ［J］. Technovation, 2010, 30 (3): 181-194.

［107］ ZhangYunong. A set of nonlinear equations and inequalities arising in robotics and its online solution via a primal neural network ［J］. Neuro computing, 2006 (70): 513-524.

［108］ Zhang Yunong, Ge Sam Shuzhi. Design and analysis of a general recurrent neural network model for time-varying matrix inversion ［J］. IEEE Transactions on Neural Networks, 2005, 16 (6): 1477-1490.

［109］ Zhang Yunong, Jiang Danchi, Wang Jun. A recurrent neural network for solving Sylvester equation with time-varying coefficients ［J］. IEEE Transactions on Neural Networks, 2002, 13 (5): 1053-1063.

［110］Zhang Yunong, Li Wei, Yi Chenfu, Chen Ke. A weights-directly-determined simple neural network for nonlinear system identification ［Z］. IEEE International Conference on Fuzzy Systems, 2008（7）：455-460.

［111］Zhang Yunong, Li Zhan, Chen Ke, Cai Binghuang. Common nature of learning exemplified by BP and Hopfield neural networks for solving online a system of linear equations ［C］. IEEE International Conference on Networking, Sensing and Control, 2008（5）：832-836.

［112］Zhang Yunong, Wang Jun, Xia Youshen. A dual network for redundancy resolution of kinematically redundant manipulators subject to joint limits and joint velocity limits ［J］. IEEE Transactions on Neural Networks, 2003, 14（3）：658-667.

［113］Zhang Yunong, Wang Jun. Recurrent neural networks for nonlinear output regulation ［J］. Automatica, 2001（37）：1161-1173.

［114］Zhang Yunong, Zhong Tongke, Li Wei, Xiao Xiuchun, Yi Chenfu. Growing algorithm of laguerre orthogonal basis neural network with weights directly determind ［A］. Lecture Notes in Computer Science ［C］. Berlin：Springer, 2008.

［115］Zhu Bing, Wang Wenping. The evolution of the strategies of innovation cooperation in scale-free network ［J］. Discrete Dynamics in Nature and Society, 2014（16）：1-12.

［116］边燕杰, 约翰·罗根, 卢汉龙, 等. "单位制" 与住房商品化 ［J］. 社会学研究, 1996（1）：83-95.

［117］蔡莉, 朱秀梅. 科技型创业企业集群研究评述及展望 ［J］. 吉林大学社会科学学报, 2005（4）：122-129.

［118］陈佳贵. 关于企业生命周期与企业蜕变的探讨 ［J］. 中国工业经济, 1995（11）：5-13.

［119］陈江. 中国民营企业的战略资产、组合创业与创业企业成长绩效研究 ［D］. 杭州：浙江大学, 2013.

[120] 陈增强，任东．基于多分辨率学习的正交基小波神经网络设计[J]．系统工程学报，2003，18（3）：218-222．

[121] 程聪，谢洪明．集群企业社会网络嵌入与关系绩效研究：基于关系张力的视[J]．南开管理评论，2012（4）：28-35．

[122] 高中秋，王雪峰，陈同扬．基于企业生命周期的人力资源管理外包研究[J]．科技管理研究，2010，30（20）：145-148．

[123] 葛泽慧，胡奇英．上下游企业间的研发协作与产销竞争共存研究[J]．管理科学学报，2010，13（4）：12-22．

[124] 工业和信息化部，国家统计局，国家发展和改革委员会，财政部．工业和信息化部、国家统计局、国家发展和改革委员会、财政部关于印发中小企业划型标准规定的通知[Z]．2011．

[125] 龚小庆．复杂系统演化理论与方法研究[M]．杭州：浙江大学出版社，2005．

[126] 郭焱，郭彬．不同竞合模式的战略联盟形式选择[J]．管理科学学报，2007，10（1）：39-45．

[127] 韩志丽．基于复杂性科学观的高科技企业成长机制研究[J]．科技进步与对策，2006（12）：36-38．

[128] 黄洁，蔡根女，买忆媛．农村微型企业：创业者社会资本与初创企业绩效[J]．中国农村经济，2010（5）：65-73．

[129] 李浩，胡海青．网络关系强度与企业创新类型——基于不确定性环境下的实证分析[J]．华东经济管理，2014（4）：154-161．

[130] 李明，钱燕云．技术创新合作网的演化机理与特征研究[J]．上海理工大学学报，2005，27（5）：401-405．

[131] 李业．企业生命周期的修正模型及思考[J]．南方经济，2000（2）：47-50．

[132] 李永，方锦清，刘强．从网络科学视角探索企业合作网络[J]．复杂系统与复杂性科学，2009，6（1）：55-61．

[133] 林燕燕，咸适，陈进．企业生命周期与创新模式选择的博弈模

型研究［J］．科技进步与对策，2010，27（6）：67-71.

［134］刘春玲，黎继子，罗细飞．跨国企业嵌入集群下链与链竞争动态网络模型分析［J］．管理工程学报，2012，26（3）：64-73.

［135］刘伟，宋鸿．微型企业创业者进入策略选择研究［J］．科技与管理，2012，14（4）：69-73.

［136］刘勇奎，周晓敏．虚拟现实技术和科学计算可视化［J］．中国图象图形学报，2000，5（9）：794-798.

［137］刘耘．基于合作网络的虚拟企业构建关键问题研究［D］．成都电子科技大学，2011.

［138］吕明非，彭灿．基于社会网络的高科技创业企业资源获取研究［J］．中国高新技术企业，2007（7）：24-25.

［139］吕一博，程露，苏敬勤．基于共词网络的我国中小企业管理研究现状与趋势分析［J］．科学学与科学技术管理，2011，32（2）：110-116.

［140］吕一博，苏敬勤．企业网络与中小企业成长的关系研究［J］．科研管理，2010，31（4）：39-48.

［141］罗剑锋．企业竞合理论研究综述［J］．财务与金融，2012（2）：66-70.

［142］骆骏．创业企业社会网络胜任力与创业绩效关系研究［D］．杭州：浙江大学，2007.

［143］彭华涛，王敏．创业企业社会网络演化的试错机理——基于群体案例研究［J］．科学学研究，2012，30（8）：1228-1236.

［144］彭华涛，于泳波．创业企业社会网络演化类型比较研究［J］．中南财经政法大学学报，2012（3）：86-91.

［145］彭华涛．创业企业社会网络类型与特点的比较分析［J］．武汉理工大学学报（信息与管理工程版），2010，32（3）：442-445.

［146］彭华涛．创业企业社会网络演化图谱形成的理论假设研究［J］．科学学与科学技术管理，2010，31（6）：143-147.

［147］彭澎．基于社会网络视角的高技术企业集群式成长机制研究

[D]. 长春：吉林大学，2007.

[148] 钱燕云，项玮珉，李纪蜂. 节点具有动态竞争力的企业技术合作网络三阶段演化机理仿真研究 [J]. 科技进步与对策，2009，26（22）：104-107.

[149] 孙鹏义，韩立民. 企业生命周期理论视角下海洋文化旅游企业发展研究 [J]. 中国渔业经济，2016，34（6）：96-102.

[150] 孙笑明，崔文田，崔芳. 当前合作网络结构对关键研发者创造力的影响 [J]. 管理工程学报，2014，28（1）：48-55.

[151] 陶长琪. 对高新技术企业成长生命周期的探讨 [J]. 科学管理研究，2003，21（5）：55-58.

[152] 万良杰，李晓翠. 非线性条件下企业成长的规律分析 [J]. 企业经济，2005（7）：85-87.

[153] 汪蕾，蔡云，陈鸿鹰. 企业社会网络对创新绩效的作用机制研究——基于浙江的实证 [J]. 科技管理研究，2011，31（14）：59-64.

[154] 王飞绒，李亦晨. 小微企业社会网络的动态演变及其影响因素 [J]. 技术经济，2012，31（10）：71-75.

[155] 王佳宁，罗重谱. 中国小型微型企业发展的政策选择与总体趋势 [J]. 改革，2012，2（2）：5-17.

[156] 王庆喜，宝贡敏. 社会网络、资源获取与小企业成长 [J]. 管理工程学报. 2007，21（4）：57-61.

[157] 王世芳，李国丽. 基于遗传算法的 BP 神经网络在图像压缩中的应用 [J]. 量子电子学报，2007，24（4）：425-428.

[158] 王晓辉. 企业社会资本、动态能力对企业成长影响研究 [D]. 沈阳：辽宁大学，2013.

[159] 王毅，吴贵生. 基于复杂理论的企业动态核心能力研究 [J]. 管理科学学报，2007（2）：18-28.

[160] 王玉春，郭嫒嬷. 上市公司 R&D 投入与产出效果的实证分析 [J]. 产业经济研究，2008（6）：44-52.

[161] 韦雪艳，王重鸣．创业企业网络演化研究——从萌芽到早期发展 [J]．技术经济，2006（10）：71-73.

[162] 魏江，勾丽．基于动态网络关系组合的集群企业成长研究——以正泰集团为例 [J]．经济地理，2009，29（5）：787-793.

[163] 吴铭．基于连接预测的关系推荐系统研究 [D]．北京：北京邮电大学，2012.

[164] 吴佑寿，赵明生，丁晓青．一种激励函数可调的新人工神经网络及其应用 [J]．中国科学：技术科学，1997（1）：55-60.

[165] 吴佑寿，赵明生．激励函数可调的神经元模型及其监督学习与应用 [J]．中国科学：技术科学，2001，31（3）：263-272.

[166] 谢科范，彭华涛．创业企业社会网络构建的试错机理分析 [J]．预测，2005，24（2）：34-37.

[167] 谢雅萍，黄美娇．社会网络、创业学习与创业能力——基于小微企业创业者的实证研究 [J]．科学学研究，2014，32（3）：400-409.

[168] 徐亮，张宗益，龙勇．合作竞争与技术创新：合作是中介变量吗？[J]．科学学研究，2008，26（5）：1105-1113.

[169] 阎明宇．基于创业网络的科技企业孵化器外部创新驱动机制 [J]．辽宁师范大学学报（自然科学版），2014，37（2）：180-186.

[170] 杨峰．从科学计算可视化到信息可视化 [J]．情报杂志，2007，26（1）：18-20.

[171] 杨隽萍，唐鲁滨，于晓宇．创业网络、创业学习与新创企业成长 [J]．管理评论，2013，25（1）：24-33.

[172] 姚小涛，万涛．中小企业成长的社会网络解释与分析 [J]．西安电子科技大学学报，2003，13（4）：79-83.

[173] 姚小涛，王洪涛，李武．社会网络与中小企业成长模型 [J]．系统工程理论方法应用，2004，13（1）：49-53.

[174] 姚小涛，席酉民．基于个人社会关系资源的微观与宏观的连接：一个理论模型 [J]．现代管理科学，2008（5）：17-19.

[175] 伊查克·爱迪斯. 企业生命周期 [M]. 赵睿, 译. 北京: 华夏出版社, 2004.

[176] 张慧玉. 新企业社会网络构建的效应机制分析——基于效率和效果的实证研究 [D]. 天津: 南开大学, 2012.

[177] 张丽娟, 李常洪. 企业合作复杂网络研究以汽车制造业为实证的分析 [J]. 科技与管理, 2007, 9 (4): 32-34.

[178] 张玉明, 刘德胜. 从线性到非线性: 企业成长理论回顾、现状与展望 [J]. 福建师范大学学报 (哲学社会科学版), 2010 (1): 23-28.

[179] 张子健, 刘伟. 不同竞合模式下企业研发投资决策及绩效——基于不确定条件的分析 [J]. 管理工程学报, 2010, 24 (2): 104-110.

[180] 赵忠华. 创新型产业集群企业网络关系特征与创新绩效关系: 知识流动视角的路径研究 [J]. 哈尔滨商业大学学报 (社会科学版), 2013, 128 (1): 77-86.

[181] 郑向杰. 合作网络 "小世界性" 对企业创新能力的影响——基于中国汽车行业企业间联盟网络的实证分析 [J]. 科技进步与对策, 2014 (13): 40-44.

[182] 郑准, 王国顺. 动态网络环境下企业国际化战略转型——基于关系运作与网络演进视角的案例研究 [J]. 商业经济与管理, 2011, 1 (9): 27-33.

[183] 周永权. 多项式函数型回归神经网络模型及应用 [J]. 计算机学报, 2003, 26 (9): 1196-1200.

[184] 朱宏印, 徐飞. 不确定环境下集群企业合作创新的模式选择 [J]. 上海管理科学, 2014, 36 (2): 1-5.

[185] 邹阿金, 罗移祥. Legendre 神经网络建模及股票预测 [J]. 计算机仿真, 2005, 22 (11): 241-242, 246.

[186] 邹阿金, 肖秀春. 基于混沌控制系统的神经网络异步加密算法 [J]. 计算机工程, 2008, 34 (12): 160-161.

后 记

本书由我的博士毕业论文修改、润色而成。从 2012 年 12 月选题到今天终于完成这本书,前后花了近七年的时间。由于工作等各种原因,书中研究方向的一些研究进展可能未及时更新而稍微滞后于现状。

在本书出版之际,回想起了 2012 年来北京到孙启明老师门下进入博士阶段的学习。孙老师是我眼中的经济学"大牛",老师看待问题的思路特别的宽,对现实状况的解读也很一针见血。他的思想让我明白导致现代社会人浮躁的很多原因,比如买房、股市,再比如公平问题,还有宏观政治经济层面和国际关系的中等收入陷阱问题、大国博弈问题,都帮助我去观察这个世界更加高远的天空。

博士第二个阶段就是 2013 年 9 月至 2014 年 1 月在 University of Notre Dame 的学习。艾伯特-拉斯洛·巴拉巴西是复杂网络研究基石人物,能在他曾经工作和战斗的地方,与"大神"同行,在他最富成果创造力的高校学习,何其幸运!我所在的是计算机学院下的网络研究交叉实验室,有物理学、社会学、计算机学、管理学、医学、气象学、生态学等各个领域的研究人员,共同的目标就是运用网络的方法解决各自学科所遇到的学术问题,并进行交叉研究。知识管理的理论告诉我们,交流还有异质知识模块碰撞所迸发出新的知识点是多么的精彩。在这里,我也很感谢张生太老师,十年前是张老师带领我走进网络研究的大门,对互联网知识信息扩散问题进行深入的研究,其间还送我到西安交通大学跟边燕杰等著名教授学习。美国的学习经历给我最大的启发是,对问题的研究不要过分拘泥,实验室让我把信息传播研究继续作为一个研究方向坚持了下来。我想,既然信息网络研究中有传播预测，社交网络中有链接预测，为什么不可以应用这些理论对企业成长进行预测问题研究呢？这些交叉研究经历都为我选题和探索分析提供了强有力的支撑。

同学、朋友是我博士生活的坚实同伴，我和他们一起淡泊明志，一起欢笑打闹。我们去北京的后海骑单车，也在酒吧听歌把愁解；在美国东海岸的 Miami 追逐日出，又跑去美国西海岸的 Santa Monica 看日落，感叹时光易逝。他们来自五湖四海、全球各地，名单恐怕都能写满一页。我们的生活无愧业精于勤，而未荒于过嬉；行成于思，而未毁于过随。这里还要特别感谢我的生活伙伴，他身上有我不具备的坚毅品质，在他的帮助、鼓励和支持下，我完成了整个博士阶段的学习，是我一生的榜样。

时间过得很快，又很慢。如同《守望灯塔》里讲的：没有什么会被忘记，也没有什么会失去，宇宙自身是一个广大无边的记忆系统，回头看，就会发现这个世界在不断地开始。

所以，三十岁，你好！新生命，你好！未来的新生活，你好！

李瑾颉

2019 年 11 月于上海